U0637831

国际中文教育研究

（第五辑）

INTERNATIONAL CHINESE LANGUAGE
EDUCATION RESEARCH

王辉 主编

社会科学文献出版社
SOCIAL SCIENCES ACADEMIC PRESS (CHINA)

本集刊受"教育部中外语言交流合作中心国际中文教育实践与研究基地项目"资助

《国际中文教育研究》编委会

顾　　问　赵金铭

主　　编：王　辉

副　主　编：徐丽华

执 行 主 编：郑　崧

编委会委员　（按姓氏音序排列）

　　　　　　安　然　华南理工大学

　　　　　　蔡　薇　加拿大卡尔加里大学

　　　　　　曹贤文　南京大学

　　　　　　曹秀玲　上海师范大学

　　　　　　陈昌来　上海师范大学

　　　　　　陈青松　浙江师范大学

　　　　　　储诚志　美国加州大学戴维斯分校

　　　　　　丁安琪　华东师范大学

　　　　　　杜　迪　喀麦隆马鲁阿大学

　　　　　　冯丽萍　北京师范大学

　　　　　　耿　虎　厦门大学

　　　　　　郭　熙　暨南大学

　　　　　　李宝贵　辽宁师范大学

　　　　　　李　泉　中国人民大学

梁　霞　美国圣路易斯华盛顿大学

刘玉屏　中央民族大学

卢德平　北京语言大学

宁继鸣　山东大学

齐　冲　法国巴黎西岱大学

齐沪扬　杭州师范大学

齐汝莹　澳大利亚西悉尼大学

邵　宜　暨南大学

孙宜学　同济大学

王春辉　首都师范大学

王　辉　浙江师范大学

王仁忠　加拿大麦吉尔大学

吴春相　上海外国语大学

吴应辉　北京语言大学

吴中伟　复旦大学

徐丽华　浙江师范大学

叶　军　华东师范大学

张新生　英国理启蒙大学

赵守辉　挪威卑尔根大学

赵　杨　北京大学

郑　崧　浙江师范大学

周明朗　美国马里兰大学

编　　辑：包　亮　赵　羚

前　言

王　辉

　　国际中文教育是增进国际理解、促进中外文明互鉴、推动构建人类命运共同体的重要基础。2019 年 12 月，国际中文教育大会召开，2020年 6 月，中国国际中文教育基金会宣告成立，"国际中文教育"作为一个新名词开始出现在公众视野。"国际中文教育"也取代原先的"汉语国际教育"出现在新版《学位授予和人才培养学科专业目录》中。"国际中文教育"既可用来指称国际中文教育事业，也可以指称学科，以保持教育事业和学科名称的统一性。

　　郭熙、林瑀欢、王辉、冯伟娟、吴应辉等对"国际中文教育"的内涵进行了探析，为厘清"国际中文教育"的概念做了先导性研究。从教师、学习者、语言及教学环境四要素来看，从事"国际中文教育"的可以是中国人，也可以是外国人；教学对象可以是母语非汉语的外国人，也可以是母语或第一语言非汉语的华人及其后裔；所教的内容是作为第二语言、外语或者其他语言的汉语；教学地点可以是在国内、海外或者是虚拟空间。

　　可以说，"国际中文教育"是一个包容性很强的概念，涉及全球范围的各类汉语教学，既可包括国内面向留学生的"对外汉语教学"，又可包括国外面向当地居民的汉语教学，以及面向华人的华文教育；既涉及学历教育，又涉及非学历教育。"对外汉语教学""汉语国际教育""华文教育"三者可放置于"国际中文教育"框架下，既保持相对独立的定位和特点，又协同、融合发展，共同形成更加开放、包容、规范的

"国际中文教育"交叉学科理念和新发展格局。

当然，上述"三位一体"的协同、包容性发展模式是一个理想状态，实践中无论是在学科建设还是在事业发展中都会遇到不少困境和难题。立足长远、求同存异、相互赋能才是务实的发展理念。新形势下国际中文教育需要全面看待从对外汉语教学到国际中文教育的发展历程，用系统观念引领国际中文教育生态良性发展，用发展的眼光、包容的理念和融合的路径促进国际中文教育兼容并蓄。

由浙江师范大学国际文化与教育学院、非洲中文教育实践与研究基地主办，社会科学文献出版社出版的《国际中文教育研究》（第五辑）即将全新面世，本刊原名"汉语国际教育研究"，创刊于 2016 年，已出版四期，知网收录。更名后，本刊将以促进新时代国际中文教育学科和事业高质量发展为宗旨，为从事国际中文教育的教学和研究者提供学术交流平台。

《国际中文教育研究》设有"汉语国际教育专业课程思政""国际中文教育'三教'问题研究""语言本体研究""文化传播与华文教育研究""语言政策与语言传播研究"等栏目。本集刊聚焦非洲中文教育研究，开辟了特色栏目"非洲语言与中文教育研究"。

国际中文教育的发展与国家需求相伴而生，并在服务国家需求中彰显出重要价值。随着中国国际影响力的不断提升，国际中文教育将迎来新的发展机遇。期待国际中文教育研究有新视野、新气象、新作为。

国际中文教育研究

第五辑
2022 年 12 月出版

·汉语国际教育专业课程思政·

汉语国际教育专业课程思政的思考与实践 ··· 莫 莉 梁社会 / 1

汉语国际教育专业硕士课程思政实践与探索

·· 吴 颖 朱桐鑫 / 11

《中国概况·浙江窗口》课程建设思路与教学设计案例

·· 孙 琳 / 21

汉语国际教育专业古代汉语课程思政建设初探 ········· 安兰朋 / 32

·非洲语言与中文教育研究·

多语境下阿尔及利亚语言政策历时演变研究

·· 吴荔佳 徐丽华 / 43

非洲大学中文专业建设的现状与问题

——以达累斯萨拉姆大学为例 ············ 刘 岩 / 62

莫桑比克汉语作为第三语言学习者词汇学习策略研究

·· 周玲妹 孙春颖 / 74

·国际中文教育"三教"问题研究·

兴起与嬗变:新中国成立前对外文化教材的历史回顾

·· 于小植 / 92

混合式教学模式在对外汉语中级写作教学中的实践应用

·· 张 瀛 王胜男 / 105

东亚来华留学生的工作记忆与汉语听力学能关系研究
…………………………………… 陈　昱　王佶旻 / 119

·语言本体研究·

基于语料库统计的表量构式［有得 VP］研究
…………………………………… 王宏杰　李艳芝 / 138
持续体标记的来源与演化研究
——基于语言共性与个性的研究视角 … 鲁志杰　李佳乐 / 158
现代汉语方式状语研究综述 ………………………… 王　琳 / 177

·会讯·

非洲国际中文教育研讨会暨非洲国际中文教育联盟启动仪式
成功举办 ……………………………………………… / 195
首届区域国别中文教育论坛在浙师大召开 ……………… / 197

·稿约·

《国际中文教育研究》征稿启事 ………………………… / 198

汉语国际教育专业课程思政的思考与实践 [*]

莫　莉　梁社会 **

摘　要　课程思政的主要内容是"做人做事的基本道理""社会主义核心价值观""民族复兴的理想和责任"。"自然而然、润物无声"是课程思政的基本属性。汉语国际教育专业培养的是将来可能从事国际中文教育或对外语言文化交流工作的人才，专业性质决定了课程思政的必要性。汉语国际教育专业课程思政的实践主要包括：以人才培养目标为课程思政设计的总依据；深入挖掘专业课程中所蕴含的思政元素；大力提升专业教师的思政水平和素养；显隐结合，实现全员全程全方位育人；建立健全完善的课程思政评价考核机制。

关键词　汉语国际教育；课程思政；人才培养

* 基金项目：南京师范大学新文科研究与改革实践项目"新文科及'一带一路'背景下汉语国际教育专业人才培养方案的创新与实践"（项目编号：2021XWK11）；南京师范大学教学改革研究课题项目"来华留学预科培养模式优化与教学资源建设"（项目编号：2021NSDJG008）。

** 莫莉，南京师范大学国际文化教育学院讲师，博士，研究方向：国际中文教育；梁社会，南京师范大学国际文化教育学院副教授，博士，研究方向：国际中文教育。

当今世界正经历着百年未有之大变局，这给高校的人才培养带来了前所未有的挑战和机遇。在专业研究和专业教育越来越精细化、深耕化的发展趋势下，思想政治教育越来越显得重要。习近平总书记在2016年全国高校思想政治工作会议中明确提出"要用好课堂教学这个主渠道，思想政治理论课要坚持在改进中加强，提升思想政治教育亲和力和针对性，满足学生成长发展需求和期待，其他各门课都要守好一段渠、种好责任田，使各类课程与思想政治理论课同向同行，形成协同效应"的要求，号召高校教师要"把思想政治工作贯穿教育教学全过程，实现全程育人、全方位育人，努力开创我国高等教育事业发展新局面"。[1]

汉语国际教育专业立足于培养牢固掌握汉语国际教育基本理论与基本技能，具备扎实的汉语、中国文学、中国文化及跨文化交际等方面的专业知识与能力，具有国际视野的复合型、应用型、创新型和国际化特点的"三型一化"人才。[2]专业特点决定着汉语国际教育专业所培养的人才不仅肩负着知识传授的责任，更肩负着价值引领、中华文化传播、提升中国文化软实力的重要使命，因此，在汉语国际教育专业课程中融入思想政治教育对引导学生树立正确的世界观、人生观、价值观，培养跨文化交际能力，厚植爱国思想和家国情怀都具有重大意义。

一 对课程思政的重新思考和认识

长期以来，个别教师对思想政治教育工作存在着一些认识误区。一些教师认为思想政治教育工作是思政课程或者学工部门的事情，专业课堂上讲思政是分工不明，也是对专业课程时间的占用；一些教师认为专业课程内容本身是一个科学、完整的体系，另外加入思政教育的内容势必会给专业内容的讲授带来干扰；还有一些教师认为课程思政就是在专业课上讲政治，出现了一些生搬硬套、简单粗暴的教学形式和方法。这些认识误区的存在对高校课程思政的顺利开展和推进造成了不小的阻碍。

教育的根本任务是立德树人，"立德不只是思想政治理论课及其教师的任务，更是所有课程及教师的任务。立德是课程的应有之义，课程思政所要实现的正是寓德于课，从而为国家、社会和人民培养德才兼备之人"[3]。长期以来专业课程只专注于知识的传授和能力的培养，忽视了更重要的价值引领，造成了某些学生在世界观、人生观以及价值观上出现认识偏差。课程思政把思想政治教育工作融入专业课程的教学活动当中，打通了思政教育和专业教育之间的壁垒，在知识传授的同时实现价值引领，因此深刻认识课程思政的内涵和属性以及汉语国际教育专业推进课程思政的必要性，对最终形成各门课程同向同行、协同育人的局面有重要的意义。

（一）课程思政的基本内容

面对课程思政的教育要求，很多专业课程的老师会心生疑惑，课程思政究竟应该上什么内容？如何实现课程思政内容与专业思政内容的结合？课程思政与专业思政究竟是什么关系？如前所述，习近平总书记在2016年全国高校思想政治工作会议上已明确为课程思政的教学内容作重要指示："各门课程……要把做人做事的基本道理，把社会主义核心价值观的要求，把实现民族复兴的理想和责任融入各类课程教学之中……"[1]也就是说，"做人做事的基本道理""社会主义核心价值观""民族复兴的理想和责任"是课程思政的基本纲领和内容。专业课程要立足本专业人才培养目标，结合课程内容从以上方面去深入挖掘思政元素，探寻和提炼出课程内容所蕴含的价值观、职业道德精神、家国意识、民族精神等，为专业课程内容注入能量、提升温度。

（二）课程思政的基本属性

"课程思政"建设的重点在"思政"。没有好的"思政"教育功能，课程教学就会失去灵魂，迷失方向，从而导致课程教学中知识传授、能力培养与价值引领三者之间发生割裂与脱离。但课程思政并不是在专业课上生硬搬入思政教育的内容，而是要将思想政治教育元素融入专业课程的教学内容和教学过程中，把知识教育和理想信念教育、道德品格教育有机结合起来，使所有课程在传授知识的同时，也为实现教育立德树人的根本任务服务。

习近平总书记强调："好的思想政治工作应该像盐，但不能光吃盐，最好的方式是将盐溶解在各种食物中自然而然吸收。"[1]因此各门课程要做好课程思政工作，并不是将思想政治教育内容直接地搬入专业课程的课堂上，思想政治教育内容和专业课程内容不是各自为政、互不相干的两种完全不同的教学内容，而是教师立足于专业课程本身，从专业课程内容中挖掘思政元素，提取出专业课程内容本身所蕴含的价值观、方法论、科学伦理、职业精神、爱国情怀，等等。这些思政元素本身就蕴含于专业知识内容之中，它们来自专业课程内容本身，最终自然而然融于专业课程内容之中，就像盐融入水中一样。思想政治内容的传达不是生硬地灌输，而是要采用春风化雨的方式，使学生在潜移默化中受到情感的熏陶、价值的引领。因此，"自然而然、润物无声"是课程思政的基本属性。

二 汉语国际教育专业课程思政的必要性

汉语国际教育专业致力于培养具有国际视野的复合型、应用型、创新型和国际化特点的"三型一化"人才。本专业具有跨学科、重实践、国际化的学科性质。本专业培养的人才肩负着向世界传播中国优秀传统文化、展示中国的进步与发展、增进中国与世界各国的相互了解和友谊、提高中国的国际影响力的重大使命。从这个意义上讲，本专业培养的人才首先应该对本国的优秀文化、传统思想，社会主义在中国的发展，中国人民与全世界和谐发展的愿望有清楚的认识和掌握，要建立起理论自信、道路自信、制度自信、文化自信，才能讲好中国故事，传播好中国声音。

以前，本专业的人才培养较多地聚焦于知识的传授和能力的培养上，忽视了对学生价值观的引领。本专业的性质决定了从业人员大多身处国际语言、文化交流的领域，面对纷繁复杂的国际形势、风云变幻的外交关系，他们应具备坚定的政治立场和理想信念；面对国际合作的工作任务或者突发的工作状况，应具备大局观、合作意识和创新能力；面对海外的工作生活环境，应具备良好的心理素质和跨文化交际能力。所有这些现实挑战都决定了汉语国际教育专业开展课程思政的必要性。

三　课程思政在汉语国际教育专业中的实践

（一）以人才培养目标为课程思政设计的总依据

课程思政的提出，从根本上说是要解决培养什么样的人，如何培养人以及为谁培养人的问题。"人的培养"是课程思政的核心，因此课程思政设计要围绕本专业人才培养目标进行。汉语国际教育专业培养的是"三型一化"人才，那么培养目标决定了本专业的思政目标的重点是要树立学生坚定的政治立场和信念，厚植家国情怀，增强对中国传统文化和思想价值体系的自信，树立创新意识、形成良好的心理素质。

在专业层面上，应在充分认识新时代教育教学新要求的基础上，从汉语国际教育专业的人才培养目标出发，对人才培养方案进行修订，明确人才培养所要达到的专业能力、核心素养以及价值目标，使人才培养方案为各项思政目标的落地服务。组织专业教师加强课程建设、教材建设和编写，出版体现课程思政要求的教材、讲义、教学资料等，推进课程思政建设的制度化、规范化。在课程层面上，教师应立足人才培养目标，结合专业课程的内容，将课程思政目标细化和分解，将思政教育的内容、专业教育的内容和形式有机融合，实现全员全方位全过程育人。

（二）深入挖掘专业课程中所蕴含的思政元素

课程思政不是把思政课程的内容直接搬入专业课程的课堂，而是要深入挖掘课程内容中所蕴含的思政元素。"挖掘"是教师再学习和再认识的过程，是对课程内容和形式的再度思考，所形成的新认识不仅仅包括对专业知识的重新认识，还包括对外部世界以及专业课程与外部世界之间关系的重新认识。

汉语国际教育专业课程按内容大致可以分为文学类、语言类、文化类、教育教学类以及跨文化交际类五类课程。文学类课程的思政要通过对优秀的作家、作品的分析和赏鉴，带领学生体会优秀作品中所传达的中华民族传统的道德观念、价值追求以及中华民族代代相承的家国情怀。语言类课程则要从对语言现象的观察、描写、解释入手，培养学生的辩证思维能力，树立正确的科学伦理观念，培养科学创新的意识和能力。文化类课程应以中华传统文化、技艺的赏鉴和学习为核心，引导学生体悟传统文化艺术中所蕴含的中华民族优秀的思想体系和价值体系，树立文化自信。教育教学类课程则要通过对教育理念、教育原则和教学流派、教学技能的学习，使学生明白"识"与"德"的辩证关系，明白教育的根本任务在"立德树人"。跨文化交际类课程则要通过对本民族文化和别国文化的对比了解，逐渐具备在不同文化背景下和谐共处、协同发展的能力。各门课程组成不同的课程群体，确立各类课程群体的思政目标，挖掘、提炼专业课程内容中的思政元素，使各门课程同向同行，将知识传授、能力培养、价值引领三者贯通起来，真正实现教育立德树人的根本任务。

（三）大力提升专业教师的思政水平和素养

"一个优秀的老师，应该是'经师'和'人师'的统一，既要精于'授业''解惑'，更要以'传道'为责任和使命。"[4]课程思政归根结底是落实在每一位课程教师身上的，教师自身的思政水平和素养决定着思政教育工作的成败。正如习近平总书记所指出的那样，"大学教师对学生承担着传授知识、培养能力、塑造正确人生观的职责。教师必须要成为学生为学、为事、为人的示范，才能真正促进学生成长为全面发展的人"[5]。如果一个教师自身不具备较高的思想道德品质和坚定的政治立场，就无法为学生指点迷津、引领航向，因此育才由育师始、育人者应当先受教育。

汉语国际教育专业培养的是将来可能从事对外汉语教学或涉外语言

文化交流工作的人才。他们肩负着向世界展示中华文化、中国面貌的使命。作为教育者，专业教师至少从以下几个方面去提高自己的思政水平和素养。

一是教师自身必须对中华民族的历史、中华传统艺术文化、社会主义在中国发展有清楚的理解和认识，必须通过相关的理论学习和实践，树立起坚定的政治信念，具有较高的思想道德品质。

二是教师必须对当今世界的复杂局势、中国对外关系的发展历史、汉语国际教育在国内和国外的发展、不同文化差异和跨文化交际有清楚的了解，明白本专业培养的人才应不仅仅能够开展汉语教学或者语言文化交流方面的相关工作，更肩负着传播中华文化、搭建交流桥梁的历史使命。

三是教师要深刻认识人才培养的最终目标是什么，要积极参加课程思政的相关培训，明白课程思政的必要性，了解课程思政的内容，掌握课程思政的方法，提高课程思政的能力。

四是教师之间要定期举行课程思政的经验交流活动，分享课程思政的优秀经验，提出课程思政实践中遇到的问题，彼此取长补短，互相学习，达到共同提高思政教育能力的目的。

（四）显隐结合，实现全员全程全方位育人

习近平总书记指出，"我们办中国特色社会主义教育，就是要理直气壮开好思政课"，同时，"要坚持显性教育和隐性教育相统一，要挖掘其他课程和教学方式中蕴含的思想政治教育资源，实现全员全程全方位育人。既要有惊涛拍岸的气势，也要有润物无声的效果，这是教育之道"。[6]

培养什么样的人、如何培养人以及为谁培养人是高校的建设和发展必须深入思考和明确回答的根本问题。教育的根本任务是立德树人，也就是说除了传授专业知识和技能，高校教育更重要的任务是培养具有正确的世界观、价值观和人生观，德智体美劳全面发展的社会主义建设者和接班人。过去，高校的思想政治教育存在课时量较少、教学形式单一等现象。占据学生大部分学习时间的专业课程却并不承担思想政治教育的责任，这就造成了思政教育和专业教育互相脱离、互不相关的"两张皮"现象，专业课程没有承担起应该承担的价值引领责任。

课程思政则要求积极利用好课堂，充分挖掘、提取专业课程内容中的思政元素，通过潜移默化、润物无声的方式，将中华民族传统文化和道德品质、社会主义核心价值观、中华民族的伟大复兴梦传递给学生，积极引导当代学生树立正确的国家观、民族观、历史观、文化观，从而为社会培养更多德智体美劳全面发展的人才，为中国特色社会主义事业培养合格的建设者和可靠的接班人。

"课程思政与思政课程最大的区别是对思政元素的处理方式上。"[7]思政课程发挥着显性思政教育的作用，这些课程利用课堂教学对学生进行直接的思想政治教育，引导学生树立正确的价值观和方法论。专业课的思政则发挥着隐性思政教育的作用，在进行专业知识讲授的同时，将各门专业课程所蕴含的中华民族优秀的传统思想和文化、社会主义核心价值观、职业道德、科学伦理以及创新精神和意识传递给学生。显性思政教育有"惊涛拍岸的气势"，隐性思政教育有"润物无声的效果"，两者同是思政教育的主渠道，有机结合，互为补充，同向同行，协同育人，充分实现课程门门有思政，教师人人讲育人。

（五）建立健全完善的课程思政评价考核机制

课程思政的实现不仅体现在专业课堂上加入思政元素，真正实现立德树人的根本任务，还应该建立健全相应的考核、评价机制。教学效果的好与坏只有通过评价和考核机制才能了解和掌握，而评价和考核的结果对教学无疑是有益的反馈，能推动教学内容和形式的改善。

汉语国际教育专业在课程考核中应增加思政考核的模块，加强过程考核，通过课程报告、案例分析、教案设计等体现产出结果的形式进行综合评价，对学生在整个学习过程中的"德、能、勤、绩"等方面进行全面考查。

四　结论

汉语国际教育专业所培养的人才肩负着传播中华文化、讲好中国故事的重大时代使命，在本专业开展课程思政建设与其性质、特点和人才培养目标是完全一致的。无论是从专业角度来看，还是从教师个人来说，都应该将知识的传授、能力的培养与价值的引领贯通起来，真正落实并实现立德树人的教育任务。

Reflection and Practice on the Ideological and Political Education for Courses of TCSOL

Mo Li, *Liang Shehui*

(*International College for Chinese Studies*, *Nanjing Normal University*)

Abstract: The main contents of ideological and political education for courses of TCSOL are "the basic principles of doing things", "the core values of socialism" and "the ideals and responsibilities of national rejuvenation". The basic attributes of ideological and political education is natural and silent. The major of TCSOL educates talents who may be engaged in international Chinese language education or foreign language and cultural exchange in the future. The professional nature determines the necessity of ideological and political education. The practice of ideological and political education for courses of TCSOL mainly includes: taking the talents cultivation objectives as the general basis for the design of ideological and political education; exploring the elements of ideological and political theories contained in the professional curriculum; improving the professional teachers' capability in ideological and political theories; combining explicit and implicit elements to realize the whole staff education, the whole process of education and the whole domains of education; establishing a rational evaluation and assessment standard for ideological and political education.

Key words：TCSOL（Teaching Chinese to Speakers of Other Languages）；Ideological and Political Education；Talent Cultivation

参考文献：

［1］习近平在全国高校思想政治工作会议上强调：把思想政治工作贯穿教育教学全过程开创我国高等教育事业发展新局面［N］. 人民日报，2016 – 12 – 09（1）.

［2］钱玉莲. "三型一化"汉语国际教育本科专业人才培养方案的探索［J］. 中国大学教学，2014（6）：45 – 48.

［3］王学俭，石岩. 新时代课程思政的内涵、特点、难点及应对策略［J］. 新疆师范大学学报（哲学社会科学版），2020（2）：50 – 58.

［4］习近平. 做党和人民满意的好老师——同北京师范大学师生代表座谈时的讲话［N］. 人民日报，2014 – 09 – 10（1）.

［5］习近平在清华大学考察时强调：坚持中国特色世界一流大学建设目标方向为服务国家富强民族复兴人民幸福贡献力量［N］. 人民日报，2021 – 04 – 20（1）.

［6］习近平主持召开学校思想政治理论课教师座谈会强调：用新时代中国特色社会主义思想铸魂育人贯彻党的教育方针落实立德树人根本任务［N］. 人民日报，2019 – 03 – 19（1）.

［7］蔡馥隆，佟秋月，孙旗. 浅谈汉语国际教育专业中的思政元素［J］. 长江丛刊，2021（8）：31 – 33.

汉语国际教育专业硕士课程思政实践与探索[*]

吴　颖　朱桐鑫^{**}

摘　要	汉语国际教育专业硕士课程思政建设的关键是加强思政觉悟意识和提升育人能力。汉语国际教育专业的建设要紧紧围绕国家发展需求，结合自身发展定位和人才培养目标，提升汉语国际教育专业硕士的思政意识和素养。本文在总结近两年学校和学院在汉语国际教育专业硕士课程思政实践探索的基础上，提出了汉语国际教育专业硕士课程思政建设的五个维度，并建议围绕这五个维度，建立课程思政建设体制，提升汉语教师教育者的育人能力，培养学生思政自觉性和知行合一的意识。
关键词	汉语国际教育；专业硕士；课程思政

* 基金项目：本研究得到 2017 年度国家社会科学基金项目（项目编号：17BYY145）和 2021 年度教育部语言合作中心《国际中文教育中文水平等级标准》教学资源建设重点项目（项目编号：YHJC21ZD－044）资助。

** 吴颖，上海师范大学对外汉语学院副教授，博士，研究方向：汉语国际教育、计算语言学；朱桐鑫，上海师范大学对外汉语学院汉语国际教育专业硕士研究生。

一 引言

2020 年 5 月，教育部发布的《高等学校课程思政建设指导纲要》（以下简称《纲要》）中明确了要将思政教育贯穿人才培养体系，结合专业特点分类推进课程思政建设。课程思政是由教育的本质决定的，探索和推进汉语国际教育专业硕士课程思政建设，挖掘专业课中的育人因素，将教书育人落实到课堂教学和实践中，是当务之急。汉语国际教育专业硕士是未来的国际中文教师的储备人才，加强汉语国际教育专业硕士课程思政建设非常关键：一是要加强课程思政的觉悟意识，二是要提升育人能力。"国际中文教育"这一概念对汉语国际教育以及华文教育学科建设与发展都有深远而重大的影响。以海外华文教育为例，其同样强调培养德智体美全面发展的人才。《马来西亚华文独中高中华文课程标准》中提出："华文课程是马来西亚中小学教育的组成成分，是华族母语教育之重要一环。高中华文课程应具备时代性和生命力，关注学生的身心发展特质和学习基础能力，体现高中教育的共同价值，并发挥语文教育的功能，建立学生对国家、民族、社会、个人方面的正面价值观，培养学生的语文应用、思维、创造能力，提高学生的语文素养和整体素质，为学生个性和智慧的发展奠定基础。"华人社会的华文教学目标也都特别强调通过华文的学习，让学生进一步认识与吸收中华民族文化与传统价值观。

思政觉悟意识的培养首先要认识到思政元素在社会发展和育人过程中的重要性。其次要培养学生学习掌握思政元素的兴趣，实现由教师引导向学生自主学习的转变。最后要重视培养创新升华意识，在学习借鉴的基础上将思政元素内化升华，实现创新发展。汉语国际教育专业硕士学生未来就业多数是汉语教师，最终要走向教育实践。因此汉语国际教育硕士学生课程思政建设，不能仅仅停留在课程教师对思政元素的理论教授上，更要培养该专业学生的育人能力。

二　汉硕专业课程思政建设实践

上海师范大学于 2009 年设立汉语国际教育硕士专业学位点。在培养的过程中,上海师范大学强调分类指导,培养具备良好国际中文教育职业道德和专业素质,能胜任国际中文教育相关领域工作的高层次、应用型、复合型、国际化专门人才。在强化显性课程思政教育功能的同时,充分挖掘和深化校园文化中隐性思政教育元素的育人功能,凝练形成的学院院训"传承传播,立人立学"显示了学院人才培养目标。同时,探索并形成思政课、综合素养课程、专业教育课程"三位一体"、显性和隐性思政教育双线并行的思政教育网络,使思政教育走心入脑见实效。思政教育实践的主要举措总结如下。

(一)加强专业教师的思政意识和育人能力

课程思政建设的效果怎么样,关键在教师。学校和学院在提高教师课程思政建设意识和育人能力方面,做了一些新探索。学院聘请著名高等教育研究专家杨德广教授为教师做题为"课程思政的内涵与实践"的报告,增强了教师立德树人意识与责任感,启发教师挖掘专业课程中的思政元素。在此基础上,2021 年 4 月学院还举办"首届课程思政微课比赛",以比赛的形式倡导不同专业任课教师将学科课程教学目标、教学内容、教学方法与思政元素相融合,该比赛有效地推动了学院课程思政建设。

研究生导师既是学生的学业导师,也是人生导师,其在教学的过程中应将知识传授与价值引领有机融合。研究生师门一周一次的沙龙制度,成为人才培养质量和学生全面发展的保障机制之一。

(二)提升辅导员的理论水平和专业素养

这些年来,学院注重辅导员队伍建设发展,辅导员言传身教陪伴学生成长,激发学生发展内驱力。他们始终奋斗在学生思政工作第一线,开展思政、党建、就业、心理咨询等各项工作。为了更好地引领学生成长，他们以身作则，不断进取，努力提升自身政治素养和业务能力。尤其关注学生心理健康，紧把学生就业出口关，做好学生的政治引领、思想引导、心理疏导和就业指导。学院的辅导员在第二届"上海高校青年教师培养资助计划"课程思政教学案例展演中，紧扣课程思政元素和要求，荣获思政理论课专项组三等奖。

（三）培养学生课程思政意识和实践能力

坚持分类指导，加强研究生思政教育实效性。根据研究生特点，强化研究生分层分类的思政教育模式。通过研究生学术沙龙、研究生学术演讲大赛、教学技能大赛、教学微课大赛、参加新年晚会的策划与监制、分享各种留学生文化活动、海外实习实训、中外研究生志愿服务等各类研究生学术文化活动，营造"以文化人"的全员育人环境。

组织汉语国际教育专业研究生完成了语文出版社委托的中国语文现代化学会的科研项目"小学生高年级整本书阅读测试研发"，参加"留学生口语中介语语料库及后续服务平台"的语料整理分析工作。不少学生担任中国上海进博会志愿者和抗击新冠肺炎疫情的社区志愿者。他们还利用暑假赴贵州务川龙潭小学开展爱心支教活动，用爱和知识点亮贫困山区留守儿童的希望和前程。

积极指导学生参加各类教学技能大赛，并取得瞩目的成绩。近些年，学院中外汉语国际教育专业硕士生曾在全国"孔子学院杯"教学技能大赛、全国汉教英雄会、苏浙沪汉语国际教育硕士教学技能暨中华才艺大赛等教学比赛中荣获多个一等奖，毕业生校友在全国中学和小学语文教学相关比赛中均获得一等奖。对外汉语学院已经成功举办了两届汉语国际教育专业教学技能暨才艺大赛，通过教学和传统舞蹈、长笛、刻瓷、书法等中华才艺表演，充分展示汉语国际教育专业硕士研究生多才多艺的一面，并提升了学生教学实践能力和中华才艺水平。

除了开设文化类专业课以外，学院坚持以文化讲座、文化知识竞赛、中外文化交流、社会语言实践展等多种形式促进汉语国际教育专业思政建设。2021 年 12 月，学院邀请了上海中医药大学《黄帝内经》国际研究院理事会副主席王寅教授进行文化讲座。王教授介绍中国文化的哲学体系，如何用哲学思维来看待中国传统文化，并强调要走中西医思想融合的创新之路。

总之，学院以学生为中心，探索导师责任制，坚持中外互动、教学与实践紧密结合的原则，重视汉语国际教育专业研究生的思想教学实践工作。"双导师"制、沙龙制度、留学生班主任、留学生兼课教师、参加教学大赛等，多元协同提升了师生课程思政意识和育人能力。十几年来的实践经验证明，专业课教师只要有课程思政的意识和责任，抓好课堂这个主体，同时加强实践和活动环节，一定能做好课程思政工作。

三　汉硕专业课程思政建设探索

专业课程是课程思政建设的基本载体。开展好课程思政，就是挖掘专业课中的育人因素，把教书育人落实到课堂教学中。[1]汉语国际教育专业硕士课程思政建设，首先必须明确课程思政建设目标要求和内容重点，深入梳理专业课教学内容，结合不同课程特点、思维方法和价值理念创新教学内容与方法。根据汉语国际教育硕士专业特点，参照《纲要》，我们认为目前可以从以下五个维度，开展汉硕课程思政建设工作。

（一）增强政治意识，增强爱国意识

国家的繁荣和综合国力的提升推动了国际中文教育事业的发展，只有国家越来越强盛，世界其他国家才会学习汉语。习近平总书记在党的十九大报告中指出，要弘扬民族精神和时代精神，加强爱国主义、集体主义、社会主义教育，引导人们树立正确的历史观、民族观、国家观、文化观。爱国主义教育应贯穿汉语国际教育专业课程的始终，增强学生对祖国和民族的认同感，树立学生为国家发展服务的意识，养成为国家发展服务、为专业发展服务的实践能力。

国家形象作为国家的文化软实力，在国际交往中起着重要的作用，关系到世界各国人民对中国的看法。汉语国际教育从语言教育走向公共外交领域，该专业学生国家形象意识的培养对于增强我国文化软实力、维护我国意识形态安全、激发学生的爱国主义精神至关重要。[2]因此，作为"民间外交官"，汉语国际教育专业硕士要不断从多方面了解国家形象，探索相关案例研究，具备在跨文化冲突中积极维护国家形象，以专业的知识素养阐释"中国是一个文明的、负责任的大国"的形象的意识和能力。

（二）树立理想信念，建立正确的三观

人生观、世界观与价值观，这三者涉及如何看待人生，如何看待世界，如何认识社会生活，如何解决问题。教师的思想观念在课堂教学中对学生三观的培养具有至关重要的作用。汉语教师不仅要重视语言要素教学，还应加强语言与思维关系的意识，语言是文化的载体，蕴含着一个民族特有的传统文化、思维方式、社会心理、价值取向和社会观念等。语言是有力量的，好的语言有正向的力量，不好的语言产生负向的力量。推进汉语国际教育硕士课程思政建设，就是在传授知识和培养能力的过程中，塑造学生正确的三观。国际中文教师往往需要面对多元的教学环境，比如学生的构成复杂。如果没有切入点，直接教授思政内容，不但难以传授汉语知识，甚至会引起跨文化冲突。因此要不断创新教学方法与路径，帮助国际学生形成正确的三观，提升汉语国际教育专业学生的育人能力。

（三）刻苦钻研，勇于探索创新

习近平总书记多次阐述了创新的重要作用，他指出"当今世界，变革创新的潮流滚滚向前"。[3]汉语国际教育专业涉及语言学、文化学、传播学、教育学、心理学等多领域，在新时代新形势下，汉语国际教育课程思政建设应突出勤奋好学、创新思维。汉语国际教育要创新，是实现学科自身更高层次发展的需求；为适应当前世界大变局，汉语国际教育必须创新。

受全球疫情影响和现代化教育技术的推动，教学资源已朝着立体化方向发展，出现了许多线上教学平台，如慕课、ZOOM、腾讯课堂、钉钉等；授课方式有直播课、录播课、远程指导等线上线下混合教学模式。为此，汉语国际教师应当顺应汉语国际教育信息化、数字化发展趋势，利用现代化、立体化的教学资源创新教学方法。

随着"一带一路"建设不断深入，汉语国际教师职业朝着专门化方向发展，从最初的商务和旅游汉语扩大到医学、法律、体育、科技等领域。专业汉语学习者已经成为汉语学习的重要组成群体。当前汉语专业化教学在教学理念、教学方法、教材、测试评估等诸多方面存在不足。汉语国际教育硕士要加强专业汉语教学能力的培养，在具体教学实践中针对性、创造性地创新教学理念和教学方法。

（四）增强文化自信，弘扬优秀传统文化

文化自信是一个民族、一个国家以及一个政党对自身文化价值的充分肯定和积极践行，并对其文化的生命力持有的坚定信心。[4]当前，汉语国际教育课程存在仅把文化学习等同于传统才艺学习的误区。汉语国际教育专业硕士在深入了解中华优秀传统文化的同时，应加强对社会主义先进文化的学习，坚持践行社会主义核心价值体系，对社会主义思想文化充满自信。

加强国际汉语教师教育工作者国际视野的培养，有助于汉语二语教学在转型中获得中外对比在教育、语言与文化领域的营养补充，改变目前"汉语国际教育"学历教育与国际汉语教师赴外培训"双轨并行"的态势。[5]汉语国际教育作为一门实践性的学科，最终目的就是汉语教育实践。在汉语教学实践中，汉语国际教师面临更加多元复杂的文化因素。汉语国际教育专业学生要树立国际视野，在中外对比中树立文化自信。

（五）倡导人类命运共同体理念

2017 年联合国首次将"构建人类命运共同体"理念写入联合国决

议，体现了这一理念逐渐成为国际共识。2018 年我国宪法修正案将"人类命运共同体"写入《宪法》序言。当今世界面临百年未有之大变局，国际关系、疾病肆虐、环境污染、资源短缺、气候变化等传统和非传统安全问题交织，任何国家都不可能独善其身。人类已经处在一个命运休戚相关的共同体中。

汉语国际教育专业特点决定了与"人类命运共同体"这一理念相契合。"一带一路"建设需要语言铺路搭桥；同样，推动构建人类命运共同体也需要语言铺路搭桥，需要语言这一打开沟通理解之门的钥匙、促进文明交流互鉴的纽带。[6]汉语国际教育作为对外交流最前沿的学科，其使命就是要消除不同国家、不同语言和不同文化的交流障碍，实现彼此之间的顺畅沟通，这与人类命运共同体理念具有一致性。[7]"国之交在于民相亲，民相亲在于心相通"，作为教学主体的汉语教师，在教学中应具备讲授好语言知识和中华文化的能力，通过语言教学和文化交流促进语言相通、文化相通、人民友好、国家合作。

四 余论

为提高汉语国际教育硕士研究生的教学应用能力、跨文化交际能力和教学管理能力，并使其具有高度社会责任感和锐意创新精神，经过十多年来的办学、教学与管理实践，不少汉语国际教育学院在培养高层次、应用型、复合型、国际化专门人才方面取得了较为显著的成绩。未来汉语国际教育课程思政建设至少应关注三个方面。

一是要拓宽汉语国际教育专业课程思政学术研究渠道。通过学术研究创新汉语国际教育硕士课程思政建设新思路、新方法。

二是要搭建课程思政学习平台。丰富课程思政的学习内容和形式，使得专业课教师和专业学生有途径、有兴趣学习课程思政，提升育人能力。

三是要丰富课程思政实践路径。目的是使育人实践与学术研究衔接更经济、更有效，在立德树人的教育实践中提升课程思政的实效。

反思过去的汉语国际教育硕士培养模式，更多重视专业知识的教授和专业技能提升，对思政意识和育人能力的培养不够突出。汉语国际教育课程急需融入思政元素和思政教学方法，弥补专业课程思政建设的不足。此外，还需要加大科研立项、学术研讨、研究生论坛、学术会议的开展力度，研究不同领域、不同专业的内在联系，在借鉴、创新的基础上探索汉语国际教育思政建设的发展途径，建立课程思政建设平台，提升课程教师的育人能力，提升专业学生的课程思政意识和能力，建立健全汉语国际教育专业硕士课程思政体系。

Practice and Exploration of Teaching Ideological and Political Theories in all TCSOL Courses

Wu Ying, *Zhu Tongxin*

(*International College of Chinese Studies*, *Shanghai Normal University*)

Abstract：The key to the ideological and political construction of MTCSOL is to strengthen ideological and political consciousness and enhance educational ability. The construction of MTCSOL should closely focus on the national development needs, combine its own development orientation and talent training objectives, and improve the ideological and political consciousness and accomplishment of MTCSOL students. On the basis of summarizing the ideological and political practice of MTCSOL in recent two years, this paper puts forward five dimensions of ideological and political construction of MTCSOL. The ideological and political construction of MTCSOL curriculum should focus on these five dimensions, establish the system and channel of curriculum ideological and political construction, improve the ability of course educators, and cultivate students' ideological and political consciousness and consciousness of the unity of knowledge and action.

Key words：TCSOL；Professional Master；Teaching Ideological and Political Theories in all Courses

参考文献：

[1] 杨德广. 课程思政是教育规律和教育本质决定的 [J]. 江苏高教, 2021 (6)：1 – 8.

[2] 曾建松, 孟叙宋, 魏舒颜. 汉语国际教育专业学生国家形象意识培养 [J]. 当代教育理论与实践, 2020, 12 (1)：16 – 21.

[3] 习近平. 开放共创繁荣创新引领未来——在博鳌亚洲论坛 2018 年年会开幕式上的主旨演讲 [N]. 人民日报, 2018 – 4 – 11 (3).

[4] 刘波. 习近平新时代文化自信思想的时代意涵与价值意蕴 [J]. 当代世界与社会主义, 2018 (1)：97 – 104.

[5] 朱志平. 论 "汉语国际教师教育者" 的国际视野 [J]. 河北师范大学学报 (社会科学版), 2020 (1)：39 – 45.

[6] 陆俭明. 汉语二语教学要为构建人类命运共同体出力做贡献 [J]. 国际汉语教学研究, 2019 (4)：34 – 38.

[7] 孙凡. 汉语国际教育课程思政的实践原则——基于人类命运共同体视角 [J]. 教育理论与实践, 2020 (18)：41 – 43.

《中国概况·浙江窗口》课程建设思路与教学设计案例[*]

孙 琳[**]

摘 要 | 本文聚焦服务浙江"重要窗口"建设的高素质外国中文人才培养，提出"浙派"国际化精品课程《中国概况·浙江窗口》的建设思路：找准交汇点，建设资源库，专题式、案例式嵌入，线上线下混合，第一第二课堂共建。在此基础上，以嵌入式专题"浙江诗路文化"为例，详细介绍了体现浙江窗口元素的教学内容选取、课程资源建设、智慧教学平台使用以及线上线下混合式教学设计。

关键词 | 中国概况；外国中文人才；课程建设；教学设计

一 引言

浙江正在努力成为新时代全面展示中国特色社会主义制度优越性的

* 基金项目：2021 年度浙江师范大学自主设计科研项目"诗路文化域外传播研究"（项目编号：2021ZS0103）。

** 孙琳，浙江师范大学国际文化与教育学院讲师，博士，研究方向：国际中文教育。

"重要窗口"。开放性和国际性是"重要窗口"的应有属性，也是特殊职责使命。[1]浙江是中国对外交流最具活力的省份之一。一方面，浙商走向世界，他们敢为天下先、勇于闯天下、充满创新创业活力。另一方面，浙江深厚的文化底蕴、活跃的市场经济、和谐的生态环境吸引了大批国外人才来此学习、工作和定居。来浙留学人数逐年增长，2019年已超4万人[2]。与此同时，浙江高校在海外建立了25所孔子学院和2个孔子课堂[3]，遍布世界五大洲，海内外中文人才培养已形成合力。

新时代背景下，浙江"重要窗口"建设为国外中文人才培养提出了新命题。国外中文人才不仅是中国语言文化的学习者，也是浙江社会生活的亲历者，浙江经济建设的参与者，浙江故事、浙江经验的讲述者，是展示浙江窗口开放性和国际性的重要载体。如何培养能够服务于"重要窗口"建设的高素质国外中文人才是各大院校的重大课题。现有人才培养方案服务窗口建设意识不强，带来了三个问题。首先，以浙江为窗口、聚焦中国制度"优越性"的国情和文化教学散布在不同课程中，未成体系，致使人才服务窗口建设意识和知识储备不足；其次，第二课堂、实践类课程缺少立足浙江的顶层设计，未能充分用好浙江经济人文优势资源，人才服务窗口建设的实践能力有待提升；再次，浙江故事的海外传播缺少渠道和载体，海外学习者了解浙江社会发展成就、借以透视"优越性"的途径有限，难以培养服务窗口建设的潜在高素质中文人才生力军。

近两年来，浙江师范大学国际文化与教育学院聚焦高素质国外汉语人才培养模式改革，主动服务"重要窗口"建设。除完善人才培养方案顶层设计外，充分借力省内资源优势，在课程建设、教材开发、线上团组活动、实践教学等方面积极探索融入浙江元素。对内，努力夯实国外中文人才服务窗口建设的知识储备和实践能力；对外，围绕中国文化的国际教学与传播，输送优质线上课程，引导海外中文人才通过"浙江窗口"理解"中国之治"，从而助力浙江窗口对外开放，扩大浙江故事、浙江精神、浙江经验的世界影响力。

二 《中国概况·浙江窗口》课程建设思路

《中国概况·浙江窗口》是浙江师范大学国际文化与教育学院开发的"浙派"国际化精品课程之一，面向汉语国际教育和汉语言专业国际学生开设。课程以通识课《中国概况》内容框架为基础，旨在帮助学生透过浙江窗口了解中国国情与文化特点，通过学习身边真实立体全面的浙江故事来认识一个可信可爱可敬的中国。课程改革与建设始终围绕两个"如何"展开，即如何"把浙江的过去、现在和未来贯穿贯通起来"，如何"把浙江与全国、全世界紧密联系起来"[4]。通过课程学习，学生应能够实现纵、横两个层面的贯通：一是贯穿古今，溯浙江故事源流，了解浙江的历史、现在和未来；二是贯通内外，把浙江镶嵌于中国和世界的大图景之中，在认知层面加强浙江与全国、浙江与世界的联系。教学团队在考察梳理国内现有《中国概况》课程框架的基础上，结合长期教学实践中积累的经验，提出"找准交汇点，建设资源库，专题式、案例式嵌入，线上线下混合，第一第二课堂共建"的整体建设思路。

（一）找准交汇点

课程改革与建设不是要将现有的中国概况知识框架推翻，而是要准确定位能够促成两个层面"贯通"的知识交汇点，进一步深挖和拓展。例如，讲到中国地理环境与乡土中国的形成，不仅能够回溯浙江一带农业文明和农耕文化发展的历史，还可以引导学生关注浙江的新农村建设；了解中国戏曲文化时，除了介绍浙江的越剧，挖掘"中国的罗密欧与朱丽叶"在日内瓦会议上放映的佳话，还可以带学生领略嵊州越剧小镇"越戏剧，越生活"的独特艺术氛围和现代生活理念。代表性、传承性和世界性是选取"交汇点"时主要考量的因素。

（二）建设资源库

资源库主要指数字化教学资源，包括体现浙江窗口元素的视频、微电影、音频、图像、动画、文字等，包含线上收集和线下自建两部分。其中自建资源库包括教师拍摄的视频课程、自行录制的视频和音频、拍摄的图片、教学课件和习题等。数字化教学资源的汇集整理对于线上线下混合式课程建设、"浙派"国际化精品教材编写、面向海外中文人才的微专业课程群建设都具有实践意义和应用价值。

《中国概况·浙江窗口》课程资源主要包括课程介绍、教学大纲、微课教学视频、教学资源四个部分，可通过"超星泛雅智慧教学平台"和"对分易"两个教学平台访问。

（三）专题式、案例式嵌入

资源库的一大用途在于方便汇总信息材料，逐渐形成专题和案例集。教学时可以快捷检索与教学章节相关的内容，实现浙江窗口元素的专题式、案例式嵌入。嵌入的优点在于：第一，无须改变教学大纲和课程内容框架，可以视教学情况有选择性地增设专题、使用案例。第二，能够兼顾教学内容的时效性。随着中国社会的快速发展不断形成新的专题，时时补充新鲜案例，以切实帮助学生了解真实的、行进着的中国。第三，能够提高资源利用率。同一主题内容的不同案例可以交替嵌入在课前预习、课上讨论、课后复习、测试评估、实践活动等多个环节，循环使用。

（四）线上线下混合，第一第二课堂共建

基于翻转课堂理念的线上线下混合式教学被认为更适用于中国概况课教学[5]。鼓励学生自主完成线上课程的学习，一方面能够增强学生学习的主体意识和问题意识，减轻语言（中文或英文）水平不足造成的学习压力，提升课堂互动效率；另一方面也能够解决课程教学内容多、课时有限的问题。而第一第二课堂共建，则是由课程的教学目标决定的。要认识一个真实立体全面的中国，体验、考察、调研、实践以及在上述活动基础上的探究交流是必不可少的，如此才能够将课堂知识思辨性地内化，从而真正理解中国的可信、可爱与可敬之处，因"知华"

而产生"友华、亲华"的认同感。

三 《中国概况·浙江窗口》教学设计
案例：浙江诗路文化

笔者以课程第十一讲《中国的诗歌》为例，具体呈现作为专题嵌入的"浙江诗路文化"教学设计，重点介绍教学内容选取及课程思政目标、课程资源建设与智慧教学平台使用，以及线上线下混合式教学设计。

（一）教学内容选取及课程思政目标

1. 作为"交汇点"的浙江诗路文化

诗歌是中华民族的文化瑰宝。浙江自古山灵水秀，吸引历代文人墨客游历论学，留下无数不朽诗篇。诗路文化是"以诗为灵魂、以路为载体的地域文化升华形态，是浙江钟灵毓秀的自然环境和雄浑厚实的历史人文的密切结合，是文学、儒学、佛道、艺术、民俗等诸多领域相互融合的文化体系"。2019 年，浙江省人民政府将浙江诗路文化带发展规划纳入政府工作重点之中，成为浙江省打造"文化浙江"金色名片的一大创举。

选取"浙江诗路文化"作为教学内容原因在于它是一个典型的"交汇点"。首先，诗歌与诗路都具有跨越时空的特质，最能体现中国文化的古今传承。其次，诗路文化带建设不仅贯连起了浙江的历史文脉和人文景观，还凸显出当代浙江在文化保护和生态环境建设方面取得的成就，为国际学生了解当代中国的和谐发展理念打开了"重要窗口"。此外，诗歌灿若星河，诗路纵横交错，在诗歌和诗路节点城市的选取上，我们同样需要考虑其是否能够作为"交汇点"。

教学选取了乌镇作为视频拍摄取景地，选取韦庄的《菩萨蛮·人人尽说江南好》和木心的《从前慢》作为古诗词和现当代诗歌教学的切入点。乌镇是诗路文化带节点城市，拥有 1300 多年建镇历史，至今仍有着"春水碧于天，画船听雨眠"的独特江南韵致。它既古老又现代，既是中国的又是世界的。作为中国首批十大历史文化名镇和中国魅力名镇之一，乌镇已被列入联合国世界文化遗产保护清单，2014年成为世界互联网大会永久会址。此外，乌镇还是中国当代诗人、画家木心的故乡。《从前慢》抒发的就是诗人对过往质朴的故乡生活的眷恋与回忆。诗和人、传统与现代都在这里产生了交汇。

2. 课程思政目标

诗路文化汇聚了丰富的先贤智慧，展示了浙江诗意的生态画卷，体现了浙江独特的地域风采。"浙江诗路文化"这一专题将中国诗歌介绍与诗路文化的古今风貌展示用"云游"的方式呈现出来，引导学生透过乌镇这一既古老又现代的窗口赏鉴古诗古韵、解读现代诗与现代生活，从而帮助学生更为直观地感知中国之美，加深其对中国社会、文化的理解和认同。

（二）课程资源建设与智慧教学平台使用

1. 课程资源建设

"浙江诗路文化"专题课程资源主要包括微课教学视频、拓展学习资料、思考题以及PPT课件，可通过"超星泛雅智慧教学平台"和"对分易"两个教学平台访问。"超星泛雅智慧教学平台"（见图1）方便海内外学习者登录访问资源，"对分易"主要用于辅助课堂教学。

微课教学视频由教师和一名国际学生采取"云游+互动"的方式在乌镇实景拍摄。诗路不仅是文化的载体，更是天然的讲堂，在实景中教学和拍摄视频课程能够大大提升学习体验，也方便借助智慧教学平台将课程送到海外，满足海外学习者的学习需求。出镜师生之间的互动能够提升教学视频观看体验，便于聚焦知识点，降低理解难度。每个教学视频时长为5~6分钟。

2. 智慧教学平台使用

课程使用智慧教学平台实现课堂翻转，提高教学效率，增强课堂互

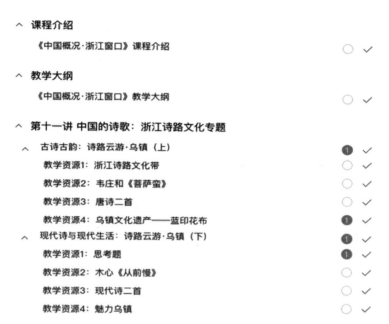

图1　超星泛雅智慧教学平台《中国概况·浙江窗口》课程资源截图

动性。课前在"超星泛雅智慧教学平台"和"对分易"上发布知识点微课视频，分享教学资源，鼓励学生自主完成知识点学习和前测；课堂教学中使用"对分易"辅助签到管理、开展分组活动并设置答题环节，从而提高教学效率，增强学习趣味性，提升课堂参与度；课后使用"对分易"发布作业，随时随地可查看学生作业完成情况并及时批改，给予反馈。最后，通过后台自动统计分析作业完成情况，可为后续教学设计和热身环节提供参考。

　　使用智慧平台教学对教师和学生都提出了更高的要求。教师备课不仅需要备足专业知识，还需要准备丰富的教学资源，包括微课教学视频、教学用 PPT、其他相关教学材料、前测练习、在线练习和课后作业等。与此同时，教师需自身熟悉并帮助学生熟悉教学平台的使用，如此才能达到事半功倍的效果。学生在课前需要切实付出努力，反复观看知识点视频，才能够与课堂学习做好衔接；课上需时时关注教师在"对分易"上发布的指令和练习，以便能成功参与学习和讨论；课后则需要提交作业或者与小组成员配合共同完成任务。总之，智慧教学平台的使用能充分激发教师和学生双方的积极性，让教学更有效率，让学习真正发生。

（三）线上线下混合式教学设计

"浙江诗路文化"专题分为上、下两个部分。第一部分为"古诗古韵：诗路云游·乌镇（上）"，第二部分为"现代诗歌与现代生活：诗路云游·乌镇（下）"。笔者仅以第二部分为例，展示基于翻转课堂理念的线上线下混合式教学设计。教学活动分为微课教学视频自主学习、课堂检测及教学、课后拓展学习三部分。

1. 课前：微课教学视频自主学习

学生课前需登录智慧教学平台观看微课教学视频《现代诗歌与现代生活：诗路云游·乌镇（下）》，并根据视频内容完成思考题（教学资源1）；同时需回看微课教学视频《古诗古韵：诗路云游·乌镇（上）》，完成作业"关于乌镇的三个小问题"，以巩固所学。

2. 课中：课堂检测及教学

分为签到、热身及前测导入、参与式学习、后测、教师总结五个环节。

（1）签到。使用"对分易"二维码签到，30秒内统计出勤情况。

（2）热身及前测导入。观看1分钟微视频《重回乌镇》，营造诗路云游氛围，将学生带入江南水乡情境中。

前测1"古诗古韵——听你读"：请学生重读《菩萨蛮·人人尽说江南好》，巩固古诗诵读技巧，复习前一节课所学。（使用"对分易"随机点名）

前测2"关于乌镇的三个小问题"：查看"对分易"统计的课前答题情况，了解学生课前观看知识点视频的总体情况，给予反馈并修正认识偏误。

前测3 选择正确诗句：使用"对分易"现场发布练习，请学生根据预习过的知识点视频填写诗句的最后一句，以检验学生对知识点视频的熟悉程度，并引入本节课现代诗歌的学习。

（3）参与式学习

介绍诗人木心，引入《从前慢》的学习。鼓励学生朗诵诗歌，初步感知现代诗的节奏和气质。（使用"对分易"随机点名）

讲解片段，引导学生分组讨论问题。问题一：这首诗歌表达了诗人怎样的情感？请举例说说你的理解。问题二：你觉得中国现代诗歌和古代诗歌有哪些不同？教师进入各小组聆听发言，并提供帮助和反馈。（使用"对分易"自动分组，鼓励学生交流分享看法）

教师总结观点，并就《从前慢》重点诗句和古今诗歌不同之处做更深入的解读，鼓励学生思辨和提问。

展示现代诗二首——《我爱这土地》《乡愁》。播放诵读视频，请学生感受其中蕴含的或炽烈或深沉的爱国之情。教师介绍诗歌写作背景，引导学生思考诗歌的时代意义。

（4）后测。在"对分易"上发布后测练习，请学生通过判断、选择等方式回答问题，检查课堂学习效果。

（5）教师总结，并布置课后拓展学习任务。

3. 课后拓展学习

任务一：请学生使用"对分易"查看教学资源4"魅力乌镇"，访问页面最后的三个网站，回答在线练习问题。引导学生关注乌镇在平衡传统慢生活和现代快生活方面的努力与成就。

任务二：请学生三人一组练习配乐朗诵上述三首现代诗歌，并分享自己的理解与思考。每组制作一个小视频（6分钟以内）上传"对分易"平台，使用投票功能选出优秀作品并给予奖励。

四　结语

本文以面向国际学生的《中国概况·浙江窗口》为例，阐述了服务"重要窗口"建设的"浙派"国际化精品课程建设思路，并抛砖引玉提供了嵌入式专题教学设计案例。服务"重要窗口"建设的高素质外国中文人才培养是一项系统工程，从顶层设计到课程、教材建设再到线上线下语言实践活动的组织等各环节需协同配合，才能确保教学改革落到实处，人才培养见实效。此外，该课程在浙江元素挖掘、课程资源建设、教学方法创新、教学效果评价、新形态教材开发与使用以及第二课堂建设等方面，亟待开展一系列深入调研和实证研究，以为后续人才培养和教学改革指明方向，将服务浙江窗口建设工作落到实处。

Course Construction and Instructional Design of *China Panorama · Zhejiang Window*

Sun Lin

（*College of International Education*，*Zhejiang Normal University*）

Abstract：This paper focuses on the education of high-quality foreign Chinese language learners，which serves the construction of "Important Window" in Zhejiang，and puts forward the construction ideas of *China Panorama · Zhejiang Window*：identify the intersection，build a teachingresource database，embed related topics and cases，teach online and offline，and jointly build the first and second classrooms. On this basis，taking the embedded topic "Zhejiang Poetry Road Culture" as an example，this paper specifically introduces the selection of teaching content，the construction of teaching resources，the use of intelligent teaching platforms and the design of online and offline hybrid teaching.

Key words：China Panorama；Foreign Chinese Language Learners；Curriculum Construction；Instructional Design

注释：

①见 2020 年 6 月 18 日《中共浙江省委关于深入学习贯彻习近平总书记考察浙江重要讲话精神，努力建设新时代全面展示中国特色社会主义制度优越性重要窗口的决议》。

②浙江省教育厅《2019 年浙江省高校外国留学生人数前 10 位排名》，http：//jyt. zj. gov. cn/art/2019/12/25/art_1532978_41250093. html。

③数据根据孔子学院官方网站信息统计，https：//www. ci. cn/#/site/Confucius-Union。

④详见浙江省人民政府《关于印发浙江省诗路文化带发展规划的通知》（浙政发〔2019〕22 号）。

⑤乌镇旅游官方网站，http：//www. wuzhen. com. cn。

参考文献：

[1] 车俊. 深入学习贯彻习近平总书记考察浙江重要讲话精神努力建设新时代全面展示中国特色社会主义制度优越性重要窗口 [J]. 政策瞭望，2020（07）：4 - 8.

[2] 胡文华. 国际学生中国概况课的定位、目标和教学模式 [J]. 华南师范大学学报（社会科学版），2022（01）：72 - 82、206.

[3] 祖晓梅，陆平舟. 中国文化课的改革与建设——以《中国概况》为例 [J]. 世界汉语教学，2006（03）：121 - 127.

[4] 黄卓明，吕兆格. 国际学生中国概况课程建设研究与实践 [J]. 云南师范大学学报（对外汉语教学与研究版），2020，18（03）：1 - 9.10.16802/j. cnki. ynsddw. 2020. 03. 001.

[5] 李圣华，罗时进，陈国灿，施俊天，宣炳善. 浙江诗路文化创新的实践路径与时代价值 [J]. 浙江师范大学学报（社会科学版），2019，44（04）：2、27 ~ 36.

汉语国际教育专业古代汉语课程思政建设初探[*]

安兰朋^{**}

摘　要　课程思政建设涉及不同层面、不同领域，各专业课程应相互配合，取长补短，优势互补，协同共进，以提升思政教学的效果。对古代汉语课程来讲，立足教材，结合教学目标与内容，采用合适的方法，恰当选取思政元素，既能改进教学，也能提升学生人文素养与思想境界。本文在解读相关政策的基础上对古代汉语课程思政建设进行初步探讨，提出体系构建的方式及可资借鉴的融入思政内容的六种具体方法，同时指出课程建设中需要注意的问题。

关键词　汉语国际教育；古代汉语；课程思政

近年来，课程思政建设经历了从"立德树人"到"思政课程"，再到"课程思政"的变化，体现了党中央对思想政治工作的重视，同时也体现了这一理念的深入。因此，在各阶段的学校教育中都要体现全员育人、全过程育人、全方位育人的"三全"理念，《高等学校课程思政

---

* 基金项目：2019 - 2020 年度河北省高等教育教学改革与实践项目"'双一流'建设中汉语国际教育专业课程改革研究——以河北经贸大学为例"（项目编号：2019GJJG165）。

** 安兰朋，河北经贸大学文化与传播学院讲师，研究方向：古代汉语。

建设指导纲要》(2020年6月)、《全面推进高等学校课程思政建设工作方案》(2020年9月)、《高等学校思想政治理论课建设标准(2021年版)》(2021年11月)的公布,更是指明了课程思政建设的方向。

一　古代汉语课程思政的体系构建

根据教育部《高等学校课程思政建设指导纲要》的要求,各地先后出台了思政建设的工作方案,对课程思政的体系建设提出具体的指导性意见。比如河北省教育厅发布的《全面推进高等学校课程思政建设工作方案》(以下简称《工作方案》)将主要工作举措归结为六个方面,即(1)准确把握课程思政内容体系;(2)科学设计课程思政教学体系;(3)重点建设各类专业课程思政体系;(4)系统构建课程思政培养体系;(5)着力培育课程思政研究体系;(6)加快建立课程思政评价体系。据此,各高校结合自身的实际情况,逐层细化,落实课程建设目标与工作机制。自此课程思政建设正式纳入高校的日常工作范畴,由校党委亲自督导,各级部门协同联动,各专业教师积极参与。课程思政建设体现出上下协同、高度重视;层层深入、逐步细化;目标明确,逐一落实的特点。为践行课程建设,各专业教师应在深入系统了解相关政策的基础上,身体力行,加强课程思政建设,为提升学生的整体素养贡献智慧。

古代汉语属于汉语言文学、汉语国际教育等专业的基础课程,也是新闻学、考古学等学科的基础课程,各专业任课教师应根据课程性质、与其他课程的关系,确定课程思政建设的内容。以汉语国际教育专业为例,课程体系主要包括语言类、文化类、教法类等课程群,在古代汉语课程思政的建设中,一定要考虑该课程在本专业中的地位、与其他课程群的关系、与其他语言类课程的关系。每一门课程既是独立的个体,也是整个课程系统中不可或缺的部分,因此思政建设都应该服务于本专业的整体建设目标,同时又与其他课程密切配合。只有定位准确,分工明确,课程之间才能相互配合,形成合力,共同促进学生思想道德意识的提升、综合素养的完善。

根据《工作方案》的要求，古代汉语课程思政建设也应从这六个方面着手。但就课程建设本身而言，工作的重点主要如下。

（一）内容体系建设

古代汉语课程思政元素的切入点可以重点考虑中华优秀传统文化、爱国主义、职业理想与职业道德、"伟大抗疫精神"主题宣传等方面。结合文选或者通论的具体内容，恰当引入相关元素。

（二）教学体系建设

课程思政建设一定要注意整体性、系统性，层级性。本专业所有课程构建的体系是全局性的、宏观层面的，决定人才培养的整体水平。语言类课程的思政体系展现中观层面的特点，目标更为集中，内容关联性更强，也更容易形成思政教育的合力。各门语言类课程体现的是微观层面的设计，各课程紧密相关，又各有侧重，思政内容的设计也应各具特色。就语言要素来讲，古代汉语、现代汉语、语言学概论都会涉及语音、词汇、语法、文字，在引入思政内容时就需要考虑课程之间的衔接与侧重。就文字部分来讲，古代汉语可以通过古今比较侧重文字系统之间的区别与联系，着力从汉字文化、中国传统文化传承等方面引入思政内容；现代汉语从普通话与方言比较的角度侧重其在当代社会的作用，引入维护语言的多样性、文化的丰富性等方面的思政内容；语言学概论从中外对比的角度阐释汉字的独特性，进而激发学生的文化自信与民族自豪感。在设计过程中也要考虑学生的知识体系及兴趣点，同时也可以结合教师个人对传统文化的认识，春风化雨地引入思政元素。总之，在课程内容系统建设方面一定要注意思政内容全面性、互补性，不同性质的课程各有侧重，同类性质的课程逐层深入。

（三）培养体系建设

我们已经提到，在"三全"育人中要注意全过程育人，古代汉语课程思政建设也要充分体现这一点，将思政教育融入教学的全过程。首先涉及的就是培养方案的修订,进而开展课程的整体设计,即教学内容的修改。思政教育的落脚点在课堂,因此教学设计要有创新性,教学形式尽量丰富多样;此外还需注意课内与课外思政教育的融合,第二课堂也需要根据整体的培养目标扩展活动范围,既作为第一课堂的补充,也要体现出独立性,适度增加思政内容;教学实践基地建设也要配合课程思政建设,实现校内、校外联动。总之,课程思政建设要充分利用一切教学环节,形成合力,共同为提升学生的综合素养发挥作用,真正做到课上课下相配合,线下线上相融合,校内校外相联合。

(四)研究体系建设

理论是实践的先导,课程思政建设也是如此。教师除了积极进行课程思政建设的实践外,也要不断借鉴其他学科的成果,及时总结经验教训,进行相关的教学研究。就古代汉语课程来讲,他们可以进行专业的课程思政研究,也可以进行与此相关的教学改革研究。而学习互鉴,是实现自我提升的必由之路,因此教师也可以适时参加与课程思政建设相关的培训与研讨会议。

二 古代汉语课程思政建设的具体方法

(一)课程思政体系构建方式

课程体系的构建应遵循着眼总体目标、立足教材、结合内容,区别对待,相互融合的原则。以王力先生的《古代汉语》为例,教材主要包括三部分:文选、通论、常用词。鉴于其各有侧重,在融入思政内容时也需要区别处理:文选部分为引入思政内容的主要环节,通论部分根据具体内容采用选讲或串讲的方式融入,常用词采用范讲的方式,即以某个具体的词为例,加入思政内容,以此为范例,尝试让学生自己发现、阐释思政内容。以第一单元为例,可以引入的思政内容见表1。

表1 《古代汉语》第一单元思政内容设计

内容类型	标题	思政内容	课时
文选	《郑伯克段于鄢》	传统孝文化；姓名文化	4
通论	《怎样查字典辞书》	——	2
文选	《齐桓公伐楚》	战争的正义性与非正义性	4
通论	《汉字的构造》	汉字在文化传承中的作用； 了解汉字文化，增强文化自信	4
文选	《宫之奇谏假道》	如何看待别人的劝谏	4
通论	《字际关系》	从文字发展看文化传承	4
文选	《晋灵公不君》	讨论治理国家的方法；如何看待感恩	4
文选	《齐晋鞌之战》	讨论古代的戎礼； 体会文选中人物的爱国情怀	4

本单元精讲的五篇文选都引入了思政内容。《汉字的构造》的思政内容因与时代结合紧密，在通论中，其内容略做了扩展，而《字际关系》的思政内容稍做介绍即可。常用词部分没有引入思政内容。从中可以看出，尽管强调课程思政，强调全过程育人，但并不是每次课、每一讲都必须引入思政内容，一定要根据实际情况，自然而然地引入，确保思政内容与主讲内容内在的一致性、相关性，这样才能让学生在不知不觉中接受，真正做到润物无声。如果过于牵强、刻意，不仅达不到预期的效果，反而会让人心生反感，甚至排斥。

（二）思政内容融入方式

根据教学实践，我们总结出六种融入思政内容的方法，这些方法适应不同的内容板块，各有侧重，可以单独使用，也可以多方并举，但一定要立足课程内容。

1. 单点引入法

即在涉及内容较多、体系性较强的思政点时，考虑可操作性，每次只选取其中的一部分进行讲解。文选中涉及与文化常识相关的思政内容时，内容往往较多，可以根据文选的具体内容，分不同章节逐步引入，这样既能保证思政教学的效果，又不至于喧宾夺主，占用过多的时间。在讲解后续内容时，也可以有意识地引导学生将相关的内容汇总提炼，做到温故知新。古代的姓名文化就可以采用这种方式加入思政内容。

初，郑武公娶于申，曰武姜。生庄公及共叔段。庄公寤生，惊姜氏，故名曰"寤生"，遂恶之。爱共叔段，欲立之。亟请于武公，公弗许。及庄公即位，为之请制。公曰："制，岩邑也，虢叔死焉，佗邑唯命。"请京，使居之，谓之京城大叔。

……

既而大叔命西鄙北鄙贰于己。公子吕曰："国不堪贰，君将若之何？欲与大叔，臣请事之；若弗与，则请除之。无生民心。"公曰："无庸，将自及。"

大叔又收贰以为己邑，至于廪延。子封曰："可矣。厚将得众。"公曰："不义不昵，厚将崩。"（《郑伯克段于鄢》）

晋侯复假道于虞以伐虢。宫之奇谏曰："虢，虞之表也。虢亡，虞必从之。晋不可启，寇不可玩。一之谓甚，其可再乎？谚所谓'辅车相依，唇亡齿寒'者，其虞虢之谓也。"（《宫之奇谏假道》）

子路曾皙冉有公西华侍坐。子曰："以吾一日长乎尔，勿吾以也。居则曰：不吾知也。如或知尔，则何以哉？"

……

曰："夫子何哂由也？"

曰："为国以礼，其言不让，是故哂之。唯求则非邦也与？安见方六七十如五六十而非邦也者？唯赤则非邦也与？宗庙会同，非诸侯而何？赤也为之小，孰能为之大？"（《论语》）

这几段内容涉及古代的姓名文化，包含内容比较多，不可能一次讲完，只能是根据文选内容选取直接相关的部分来讲解。《郑伯克段于鄢》涉及姓与氏、女子姓名、男子姓氏、谥号、庙号、年号等，因此在本篇中可以着重讲这些内容。《宫之奇谏假道》涉及古人在姓和名之间加"之"作为衬音助字这一特殊的姓名表达方法，可同时列举舟之侨、介之推、佚之狐、烛之武、文之毋畏、上之登等文献中出现较多的同类名字帮助理解掌握。《论语》涉及对不同身份、地位的人的称呼，即称名与称字的区别。自称用名，以表谦逊；嫡系尊长对其晚辈、师长对弟子、位高者对位卑者，也可直呼其名。而晚辈对长辈、位低者对位高者、平辈称对方尊长，均称其字，以示敬重。平辈之间亦可彼此称字，以示礼貌，有敬词的效果。讲解古代的姓名文化主要目的是在了解姓氏发展及其作用的基础上，理解古人尊人、自谦的行为方式，从而引导学生在日常交往中注意基本的礼貌、礼仪。

《左传》阅读中的一个难点是人物的姓名，同一个人名有不同的写法，又有不同的叫法，再加上字、号、谥号等，更是增加了难度。因此在讲解文选时可以适当地引入、揭示古人的姓名文化，引导学生形成人际交往中的礼貌意识，提升其人文素养。在此过程中，一定要注意文选内容与思政内容的有机融合，互为表里，不能顾此失彼，也不能各自为政。

2. 串联融合法

相似的情节可能会在不同的文选中出现，因此我们要善于发现这些零散材料之间的内在联系，进而揭示其蕴含的思政内容。比如：

> 颍考叔为颍谷封人，闻之，有献于公。公赐之食。食舍肉。公问之。对曰："小人有母，皆尝小人之食矣，未尝君之羹。请以遗之。"公曰："尔有母遗，繄我独无。"（《郑伯克段于鄢》）

> 初，宣子田于首山，舍于翳桑。见灵辄饿，问其病，曰："不食三日矣。"食之，舍其半。问之，曰："宦三年矣，未知母之存否。今近焉，请以遗之。"使尽之，而为之箪食与肉，寘诸橐以与之。（《晋灵公不君》）

> 后有顷，复弹其剑铗，歌曰："长铗归来乎，无以为家！"左右皆恶之，以为贪而不知足。孟尝君问："冯公有亲乎？"对曰："有老母。"孟尝君使人给其食用，无使乏。于是冯谖不复歌。

（《冯谖客孟尝君》）

鲁人从君战，三战三北，仲尼问其故，对曰："吾有老父，身死莫之养也。"

仲尼以为孝，举而上之。以是观之，夫父之孝子，君之背臣也。（《韩非子·五蠹》）

阅读以上内容，我们发现，在他们的谈话中都提到了"母亲"或者"父亲"，据此我们可以引导学生思考，这些材料的共同点是什么？体现了古代的什么文化？对此你有什么看法？逐层深入，步步为营，在抽丝剥茧中让学生体会古代的孝文化，进而引导学生阅读《孝经》《二十四孝》，并阐释它在当代的意义与价值，在批判中继承优秀的传统文化。如果时间允许，还可以结合"新二十四孝"内容，唤醒学生的"感恩"意识。

3. 个案引入法

语法部分相对来说材料比较分散，不便于引入思政内容，但是在个别用例中也可以适时地融入相关内容。如我们在讲连词"则"的用法时有这样一个例子：

（1）父母之年，不可不知也。一则以喜，一则以惧。（《论语·里仁》）

这则例句同样涉及"孝"，因此我们将《论语》中关于"孝"的论述做了归纳：

（1）有子曰："其为人也孝弟，而好犯上者，鲜矣；不好犯上而好作乱者，未之有也。君子务本，本立而道生。孝弟也者，其为仁之本与。"（《论语·学而》）

（2）子曰："父在，观其志；父没，观其行。三年无改于父之道，可谓孝矣。"（《论语·学而》）

（3）孟懿子问孝。子曰："无违。"樊迟御，子告之曰："孟孙问孝于我，我对曰'无违。'"樊迟曰："何谓也？"子曰："生，事

之以礼；死，葬之以礼，祭之以礼。"（《论语·为政》）

（4）孟武伯问孝。子曰："父母唯其疾之忧。"（《论语·为政》）

（5）子游问孝，子曰："今之孝者是谓能养，至于犬马，皆能有养，不敬，何以别乎？"（《论语·为政》）

（6）子夏问孝。子曰："色难。有事弟子服其劳，有酒食先生馔，曾是以为孝乎？"（《论语·为政》）

（7）子曰："弟子入则孝，出则弟，谨而信，汎爱众而亲仁。行有余力，则以学文。"（《论语·学而》）

（8）子曰："父母在，不远游，游必有方。"（《论语·里仁》）

（9）子曰："事父母几谏，见志不从，又敬不违，劳而不怨。"（《论语·里仁》）

在列举与阐释中，既扩展了学生的阅读范围，也让学生对孔子的孝道有了更为清晰、全面、系统的认识，进而体悟"孝"的实质。需要强调的是，这里关于"孝"的阐释不同于之前的分析。前者是整体论述，综合评价，而这里是针对孔子的观点进行阐释，从而理解孔子整体的孝观念。从引入的方式看，前者是综合，后者是扩展。

4. 综合融入法

既然语法部分比较难找到切入点，那么我们也可以将语法作为一个整体，结合语言发展的规律与特点，以及古今语言的比较，引入治学理念与精神，培养学生的探究精神；或者通过知名学者的治学经历，启迪学生的学术意识。这样既能初步形成语言发展的整体认识，也奠定了基本的治学理念与方法的意识，对学生的职业选择也有一定的启发。

5. 故事引入法

授课中所用例句往往包含一个丰富有趣又富有哲理的故事。以此为切入点，在讲述故事梗概的基础上，揭示其蕴含的思政内容。比如在讲副词"业"的用法时，有这样一个例句：

良业为取履，因长跪而履之。（《史记·留侯世家》）

通过张良与黄石公《圯桥三进履》的故事体悟待人方式与态度对人际关系乃至个人发展的影响，从而启发学生心怀善意，尊师重道，不怕磨难，积极进取。

6. 时事引入法

当代的语言生活也可以作为引出相关话题的切入点。比如《宫之奇谏假道》中宫之奇用"辅车相依，唇亡齿寒"说明虞国与虢国的关系。而此时正当电影《长津湖》热映，结合影片所讲述的历史事件，再联系《三十六计·混战·假途伐虢》的内容，进一步分析当时我们所面临的形势，从而引导学生更深刻地理解抗美援朝的意义。将文选内容与现实生活联系，拉近了学生与教学内容的心理距离。

（三）课程思政需注意的问题

在引入思政内容的时候，我们也遇到了一些问题，比如引入内容的多少问题。限于课时及课程的内容，尽管思政教育要贯穿始终，但也不能影响专业课程的学习，因此在引入思政内容时，一定要注意时间的把握，思政教学是水到渠成的，应起到画龙点睛的作用，而不能长篇大论，喧宾夺主。再比如引入内容的深度问题，应结合专业内容、学生的知识积累，有针对性进行，注意前后内容之间的循序渐进，逐层深入。此外，需注意与其他课程的衔接问题，不能所有的课程都关注相同的或类似的话题，应该互相协作，及时沟通，形成层次鲜明、内容互补、各有侧重的思政教育体系。

三　结语

古代汉语是与中华优秀传统文化密切相关的一门课程，因此在课程思政建设中理应发挥重要的作用。课程内容本身就包含先哲的理念，通过阅读经典为学生系统了解中华文化提供了平台。而汉语、汉字本身的魅力及其在社会发展中所起的不容替代的作用本身就体现出其独特的价值，是文化自信的直接体现。因此从教师角度来说，充分挖掘课程中的思政元素便成为教学中的应有之义。

Exploration in the Course of Ancient Chinese under the Concept of Ideological and Political Education for Courses of TCSOL

An Lanpeng

(*School of Culture and Communication, Hebei University of Economics and Business*)

Abstract: The ideological and political education in courses construction of the ancient Chinese curriculum should be based on the teaching materials, combined with the teaching objectives and content, adopt appropriate methods, and appropriately select ideological and political elements to improve teaching and enhance students' humanistic literacy and ideological realm. This paper proposes the way of system construction and six specific methods that can be used for reference to integrate ideological and political content, and points out the problems that need to be paid attention to in the construction of the curriculum.

Key words: Chinese International Education; Ancient Chinese; Ideological and Political Education in the Curriculum

参考文献：

[1] 王力. 古代汉语 [M]. 北京：中华书局，2020：11；16；28；188；191；409.

[2] 金良年. 论语译注 [M]. 上海：上海古籍出版社，1995：1；4；6；11 - 12；36 - 37.

[3] 司马迁. 史记 [M]. 北京：中华书局，1982.

多语境下阿尔及利亚语言政策历时演变研究[*]

吴荔佳　徐丽华[**]

摘　要　作为一个多种语言和文化长期共存的国家，阿尔及利亚自 1962 年民族独立以来的语言政策和语言规划一直备受关注。本文描述并梳理了阿尔及利亚主要语言状况和相互关系，从历时的角度探讨了不同历史时期语言政策的演变。总体而言，实施半个多世纪的阿拉伯化政策并没有收到预期效果，标准阿拉伯语作为第一国语和官方语言的地位仍然受到多重因素的挑战。21 世纪初进行的教育改革提高了法语在教育系统的地位，宪法也承认了柏柏尔语的合法地位。全球化和经济发展需要阿尔及利亚以更加开放和包容的态度对待阿拉伯语和国内其他主要语言的关系。

关键词　阿尔及利亚；语言概况；语言政策演变

---

[*]　基金项目：国家社科基金项目"非洲语言政策与规划发展变革研究"（项目编号：17BYY013）。

[**]　吴荔佳，浙江金融职业学院国际商学院讲师，浙江师范大学国际文化与教育学院博士生，研究方向：汉语国际教育；徐丽华，浙江师范大学国际文化与教育学院教授，博士生导师，通讯作者，研究方向：国际中文教育。

一 引言

阿尔及利亚民主人民共和国（People's Democratic Republic of Algeria），简称阿尔及利亚。①阿尔及利亚国土面积238万平方公里，陆地面积位居非洲第一、阿拉伯国家第一、世界第十。总人口约4400万，在非洲国家中排名第九。阿尔及利亚依靠能源出口获得了较强的经济实力，人类发展指数位列非洲大陆国家之首。阿尔及利亚与中国有着深厚的友谊，两国于1958年12月20日建交，双方各领域友好合作关系不断发展。[1]

阿尔及利亚的绝大多数人口是阿拉伯—柏柏尔人，遗传学证据表明现代阿尔及利亚人几乎都是柏柏尔人的后裔，因历史和宗教因素大多数阿尔及利亚人使用阿拉伯语，但目前在阿尔及利亚仍有15%左右的人群有着非常强烈的柏柏尔人认同感，保持着柏柏尔语和柏柏尔文化。[2]

作为一个多语言和文化长期共存的国家，阿尔及利亚自1962年民族独立以来的语言政策和语言规划一直备受关注。然而国内鲜有单独研究阿尔及利亚语言政策的成果，已有的研究涉及三个方面。一是在阿拉伯国家或马格里布地区的宏观框架中对比考察阿尔及利亚语言政策。孔令涛指出，阿尔及利亚在新中国成立后实行"阿拉伯化"运动的特点和成效，与马格里布地区其他两个国家摩洛哥和突尼斯相比具有以下特点：受法国殖民统治时间最长，遭法语同化政策影响最深，"阿拉伯化"运动在语言"一元化"政策下进行得更为深入和彻底，政府在经历了多重动荡和抵抗之后将语言政策转向"多元化"和"包容性"的发展方向。[3]126-142古萍讨论了马格里布地区使用多种语言而引发的问题后建议，构建"国家通用语言"语境中的新概念阿拉伯语，需要在延续现代标准阿拉伯语语言规范的同时，融入必要的阿拉伯语方言和法语，以缓解由于语言问题导致的社会冲突。[4]廖静在讨论阿拉伯国家外语教育政策的成效与问题时提出，现行的外语政策大大提高了国民语言能力，但过于注重语言工具性目的，没有实现阿拉伯语学术化目标和阿拉伯国家的母语文化认同目标。[5] 二是聚焦阿尔及利亚柏柏尔和阿拉伯两个民族之间的语言冲突。佳荷（2016）[6]、潘捷（2018）[7] 对引发冲突的历史原因剖析较为一致，均认为法国殖民时期的"分而治之"政策和独立后的"一元化"阿拉伯化政策导致和激化了两个民族和两种语言之间的矛盾，使得柏柏尔问题一直困扰阿尔及利亚，影响政治和社会稳定。潘捷通过分析发现布特弗利卡（Abdelaziz Bouteflika）总统时期的"多元化"语言政策有助于减缓和平息柏柏尔问题。佳荷通过研究柏柏尔语在马格里布的使用现状和问题，提出了政府应制定合理语言政策、利用经济因素保护柏柏尔语、通过文化协会保护柏柏尔文化和语言、维护柏柏尔人民族传统文化等措施以维护和加强柏柏尔语的发展。三是从单一语言视角，研究阿拉伯语在阿尔及利亚的发展现状、特点、困境和未来趋势。刘晖调查研究显示阿尔及利亚多数人赞同阿拉伯语标准化的统一，认为标准阿拉伯语不会被方言代替，但仍面临"西方化潮流"的诸多挑战，目前在国内社会各方面都有所倒退。[8] 金荣荣从殖民时期法国殖民者语言同化政策对阿尔及利亚国内阿拉伯语和柏柏尔语的影响，指出独立后国内三种语言共存的事实阻碍了阿拉伯化政策的实施。[9] 由此可见，国内学者较为关注"阿拉伯化"政策本身的实施状况、阻碍和问题，以及标准阿拉伯语作为阿尔及利亚官方语言的使用情况和发展困境，目前缺少全面描述阿尔及利亚各个历史时期语言政策发展的研究。

相比之下，国外学者倾向于在简要描述阿尔及利亚语言情况和语言政策发展的基础上，从不同的视角如民族主义发展、全球化趋势、英语全球化传播等，去审视阿尔及利亚语言政策的成效和走向，研究结论普遍强调多元化语言政策的发展趋势。Benrabah 从民族主义角度详细论述了阿拉伯化政策的产生和发展，也指出阿拉伯化在国内民主化和国际社会的要求下走向多元性。[10] Chemami 指出英语在阿尔及利亚的地位崛起源于美国和加拿大在教育改革方面的长期援助，提出阿政府应制定多语政策，保留法语和英语以适应现代化，同时保留标准阿拉伯语以维护传统。[11] Boudjelal 也指出全球化进程和英语传播让阿尔及利亚年轻人受益，政府应加强英语教育，但这种趋势也产生了抑制当地语言发展的负面影响。[12]Bessaid 在探讨阿尔及利亚阿拉伯语和法语的关系时提到阿拉伯语是受阿尔及利亚各个历史发展影响而形成的跨越所有年龄段的普遍性语言，而法语则是加分项，阿尔及利亚需要容忍且鼓励语言多样性。[13]Sahraoui 审查了英语作为阿尔及利亚新兴语言对其他语言使用情况的影响，并指出政策制定者和教育家应在主要领域进行必要的改革，强调完善的语言政策在改进教育系统和促进国家发展方面所起到的重要作用。[14]由于这些研究都带上了特定视角，文章对阿尔及利亚语言政策发展的描述偏重某一方面，或带有作者的主观判断而有失客观性。

本文试图在详细梳理阿尔及利亚国内四种主要语言的发展历程和相互关系的基础上，通过纵向历史回顾，对阿尔及利亚各个历史阶段的语言政策做出较为客观、详细的描述，以便更加深入地分析该国语言政策和规划的发展动因，进一步预测政策的未来发展趋势。

二　阿尔及利亚语言状况及相互关系

阿尔及利亚的官方语言为现代标准阿拉伯语和柏柏尔语，其中柏柏尔语于 2002 年被定为与标准阿拉伯语有同等地位的国语，并被写入宪法，2005 年被确定为官方语言。[10]76,82国内通用语为阿尔及利亚阿拉伯语。由于受殖民历史影响，法语一直是阿尔及利亚国家行政、贸易和教育领域的专用语言。

（一）现代标准阿拉伯语

现代标准阿拉伯语是阿拉伯语的书面形式，是古兰经的书面语言。有种说法称阿拉伯语有两种书面语形式，即古典阿拉伯语和现代标准阿拉伯语，前者是后者的基础。[15]也有学者认为这两个变体之间的差异相对较小，标准阿拉伯语通常遵循与古典阿拉伯语相同的语法规则。[10]48

阿拉伯语属于闪含语系（亦称亚非语系）中的闪米特语族的西南语支。当阿拉伯半岛的南部阿拉伯语被同化后，北部阿拉伯语中的古莱氏方言于公元 5～6 世纪逐渐发展成阿拉伯半岛通用的语言，成为现代标准阿拉伯语的基础。公元 7 世纪出现的《古兰经》作为第一部用标准阿拉伯语书写的巨著，确立了阿拉伯语的正确典范和最高标准，也牢固树立了标准阿拉伯语在阿拉伯民族和国家中通用语言的地位。[3]17-19

自 1962 年阿尔及利亚独立以来，标准阿拉伯语被明确规定为其国语和官方语言，并被写入宪法。为了恢复阿尔及利亚的阿拉伯伊斯兰民族身份和文化认同，政府一方面大力推行阿拉伯化政策，在教育领域的阿拉伯化进程尤为瞩目，突出表现在要求教育各阶段均以标准阿拉伯语作为教学媒介语言，以取代殖民宗主国语言法语；另一方面，排斥当地土著语言，不承认国内柏柏尔人的语言和文化。这些语言和文化"一元论"做法造成了长期以来在阿尔及利亚境内，标准阿拉伯语与法语和柏柏尔语之间的地位之争。

（二）阿尔及利亚阿拉伯语

阿拉伯国家普遍存在阿拉伯语的双层语言现象（Diglossia），即存在标准阿拉伯语和日常阿拉伯语两种语体，并且不同阿拉伯国家的人使用本国的阿拉伯语口语变体，比如在北非地区就存在埃及阿拉伯语、阿尔及利亚阿拉伯语、摩洛哥阿拉伯语、苏丹阿拉伯语、突尼斯阿拉伯语等。

Ferguson 指出在双层语言社区，存在应用于行政、文学、媒体、教育、宗教等场合的高级变体（High variety，or H），以及通常用于日常生活和非正式场合的低级变体（Low variety，or L），两种语言以互补关系共存，在社会中发挥不同的功能。阿拉伯语在阿尔及利亚的高级变体（H）是标准阿拉伯语，低级变体（L）则是阿尔及利亚阿拉伯语。[16]325-327

阿尔及利亚阿拉伯语是在阿尔及利亚使用人数最多的一种语言。7 世纪中叶，阿拉伯语传入阿尔及利亚，标准阿拉伯语与当地土著柏柏尔人的柏柏尔语逐渐融合，开始形成阿尔及利亚阿拉伯语方言。之后阿尔及利亚又经历了奥斯曼土耳其统治时期和法国殖民统治时期，阿尔及利亚阿拉伯语又从土耳其语和法语中借用了很多词汇，逐渐形成了现代阿尔及利亚人普遍使用的阿拉伯语变体。[17]421-422

阿尔及利亚阿拉伯语是阿尔及利亚绝大部分人的母语，即第一语言，而标准阿拉伯语则是从学校里"学得"的第二语言。这种语言习得顺序的差异，使得标准阿拉伯语在阿尔及利亚的使用率远低于阿尔及利亚阿拉伯语。然而，由于语法规则较为简化，阿拉伯语口语一直被污名化并被视为低劣的形式。[10]52-53

（三）柏柏尔语

柏柏尔语是一种非洲撒哈拉北部的语言，属于闪含语系的一支，是柏柏尔人的母语。所谓的"柏柏尔语"并不指代某个单一族群的语言，而是指整个柏柏尔语族。[18]128-129柏柏尔人主要集中在阿尔及利亚和摩洛哥，在历史中多次遭遇外族侵略。公元前5世纪迦太基王国腓尼基人入侵。公元前3世纪柏柏尔人在抵御迦太基人和罗马人争斗的过程中建立了努米底亚王国，地域包含今阿尔及利亚的中部和北部。公元2世纪中叶开始，北非地区遭罗马帝国占领并统治长达7个世纪。公元5世纪汪达尔人取代罗马人开始统治北非。汪达尔王国灭亡后，拜占庭占领北非直至7世纪中叶阿拉伯人征服北非，开始了在北非地区的伊斯兰传播。在阿拉伯人长达9个世纪的统治里，北非的大部分柏柏尔人逐渐被伊斯兰化，改说阿拉伯语，信仰伊斯兰教。因此现代阿尔及利亚人大多是阿拉伯—柏柏尔人后代。[19]15-46在近现代，北非又先后遭遇奥斯曼帝国、西班牙和法国的入侵和统治，直至20世纪60年代取得民族独立。[20]

由于历史原因，柏柏尔语与腓尼基语、阿拉伯语存在亲缘关系，此外与古埃及语、科普特语以及一些非洲黑人语言存在一定联系。柏柏尔语主要是一种口头交际用语，而非书面用语。[19]12但柏柏尔人早在2500年前就拥有一套属于自己的文字系统，称为提非纳文字（Tifinagh），是北非撒哈拉地区柏柏尔游牧部落族中的一支图阿雷格人（Tuareg）发明并采用的一套字母文字系统。[18]129提非纳文字还被柏柏尔其他部族使用。20世纪60年代，柏柏尔学院[21]在原来的提非纳文字基础上发明了"新提非纳文"，以适应现代书写用途。[22]

目前在阿尔及利亚境内，仍有15%左右的人群（以居住于卡比利亚的卡拜尔人为主）有着更强烈的柏柏尔人认同感，并且仍然使用当地流行的柏柏尔语言。[23]阿尔及利亚独立以后，政府为了推行阿拉伯化政策和阿拉伯语教育，长期忽视柏柏尔语和柏柏尔文化的存在，引发了柏柏尔人长期的抗议，致使国家于2002年承认柏柏尔语为国语，并写入宪法。自此，阿尔及利亚开始将自己定义为"阿拉伯人的和柏柏尔人的（伊斯兰）国家"。[17]421-422[18]130

柏柏尔语还影响了马格里布和北非阿拉伯语。由于柏柏尔语与阿拉伯语同属于一个语系，即闪含语系（亦称亚非语系），两种语言都有吸收对方特征的倾向。几个世纪以来，柏柏尔语和阿拉伯语通过调整本身非常相似的内部语言结构来相互适应，使得马格里布地区的阿拉伯语口语变体更接近柏柏尔语，而不是中东的阿拉伯语变体，这一点在音系学和形态学上尤为突出。[24]101

（四）阿尔及利亚法语

1830年至1962年，阿尔及利亚属于法国殖民地。在殖民时期，阿尔及利亚境内发展出了三种法语变体，呈现连续体变化。在连续体的一端是由来自下层社会的法国人和具有欧洲血统的阿尔及利亚人，以及与前者有交往的少数城市阿拉伯柏柏尔人使用的白话语言/下层社会语言（Basilect），主要用于阿尔及尔、奥兰、斯基克达、安纳巴和穆斯塔加内姆等港口城市。在连续体的另一端，有一种主要是书面的，受法语规范的强烈影响，被教师、记者、作家、殖民管理者等使用的上层方言/上层社会语言（Acrolect）。到1900年，作为白话语言的基础语言在法国学校教育系统和语言标准化的影响下消失了，中间形式（Mesolect，由普通教育阶段人士使用的混合语）出现，涵盖了介于下层社会语言（Basilect）和上层社会语言（Acrolect）之间的各种中间形式。它是迄今在阿尔及利亚使用最广泛的法语，并在三种当地语言——阿尔及利亚阿拉伯语、现代标准阿拉伯语和柏柏尔语——的影响下实现本土化和标准化。[10]50-52

独立后，阿尔及利亚仍然与法国保持着紧密联系，法国是阿尔及利亚最大债权国和最重要的贸易伙伴之一。阿尔及利亚有 200 多万名侨民生活在法国，约有 1800 万名阿尔及利亚人能够读写法语，加上只能听说法语的人数，总数约达阿尔及利亚总人口数的 67%。法语实际上是阿尔及利亚通用语，在行政、传媒、教育等领域广泛使用。[17]422 这也是新中国成立以后阿拉伯化政策推行受阻，阿拉伯语长期无法取代法语优势地位的重要原因之一。

（五）小结

阿尔及利亚的语言生活存在双语（Bilingualism）和双言（Diglossia）语境的特点，具体是指将现代标准阿拉伯语和法语用作正式和公共领域的高级变体，而阿尔及利亚阿拉伯语和柏柏尔语（口语方言）作为非正式和私密场合的低级变体。[10]52-53[24]25

近年来，随着全球化趋势和英语作为世界通用语的扩张，阿尔及利亚教育系统越发重视英语教育，将其作为国内基础教育阶段的第二外语（法语为第一外语）。

对于阿尔及利亚阿拉伯人而言，从出生到中学阶段，他们会依次接触/学习的语言有：（1）阿尔及利亚阿拉伯语（母语）；（2）柏柏尔语；（3）标准阿拉伯语；（4）法语；（5）英语。对于当地柏柏尔人而言，这些语言习得顺序的区别仅仅在于将（1）和（2）交换位置。总而言之，阿尔及利亚自始至终都是一个多语言多民族的国家，今后在民主化和全球化过程中也将尝试拥抱更多的外语和外语文化。

三　阿尔及利亚的语言政策演变及特征

北非地区的土著人种是柏柏尔人。自公元前 2000 年前后，北非地区先后遭受迦太基王国、罗马帝国、汪达尔王国、拜占庭帝国、阿拉伯帝国、奥斯曼土耳其帝国、西班牙和法国的侵略、占领和统治，各侵略国在占领后实施相应的语言政策，传播本国语言和文化，对北非地区的语言面貌产生了重大影响，其中影响程度最大的要数阿拉伯帝国带来的阿拉伯语和伊斯兰教，使得在北非世居的大部分柏柏尔人被阿拉伯同化。近代，法国在阿尔及利亚殖民时间长达 132 年之久，使阿尔及利亚成为北非国家中受单一殖民宗主国统治时间最长的国家。这也导致了阿尔及利亚在民族独立后急于"去法国化"，推行过于仓促的阿拉伯化政策，造成一系列负面效应。因此，我们以阿拉伯伊斯兰征服、法国殖民和民族独立作为重要时间节点，将阿尔及利亚的语言政策演变分为四个阶段：伊斯兰征服之前、伊斯兰征服之后、法国殖民时期和民族独立至今。

（一）伊斯兰征服之前：多种语言盛行

在伊斯兰征服之前，各外族势力对北非柏柏尔人的语言影响相对较弱，没有产生同化效应。

公元前 9 世纪末腓尼基人开始建立迦太基城（今突尼斯），在往后的几个世纪侵占了一部分柏柏尔人的土地，慢慢建立起迦太基王国，并通过商贸和征兵将迦太基文明传播到阿尔及利亚境内。柏柏尔人作为迦太基人的商业伙伴，与他们通婚，接受了腓尼基人的生活习惯、宗教信仰和语言——布匿文③，并将之作为书面文字。[19]16-17当时北非地区双语盛行，努米底亚国王和精英使用布匿语作为官方语言，而农民讲柏柏尔语。[10]38

公元前 146 年，罗马灭掉迦太基王国，开启了在北非地区的统治历史。罗马人在北非建立了四个省，其中三个跟今天的阿尔及利亚有关，分别是努米底亚省（今阿尔及利亚东北部）、凯撒摩尔塔尼省和丁吉塔那摩尔塔尼省（今阿尔及利亚西北至摩洛哥北部）。罗马人对当地柏柏尔人进行殖民统治，占领土地，奴役农民。在文化上实行罗马化，语言上推行拉丁语，规定在官方场合不得使用其他语言。[19]19-20[25]11

公元 4 世纪，汪达尔人摆脱罗马帝国的宗主权，占领迦太基城，并在该地建立了汪达尔王国的首府。汪达尔人属古代东日耳曼的一个部族，说旺达尔语（属东日耳曼语支）[26]。公元 5 世纪，拜占庭消灭汪达尔王国，占领北非。拜占庭帝国的主宰文化是希腊文化，希腊语是日常用语，也是宗教、文学和商业的共同语言[27]。在阿拉伯人进入马格里布之前，该地区主要流行希腊语、布匿语和柏柏尔语。[8]46

（二）伊斯兰征服之后：柏柏尔人的阿拉伯化

公元 7 世纪至 8 世纪初，北非地区被阿拉伯帝国征服，成为阿拉伯伊斯兰帝国的一部分。阿拉伯语取代了原官方语言希腊语，开始渗透到北非地区，成为主流语言。讲布匿语的城市居民为顺应社会发展改说阿拉伯语，而大量柏柏尔人由于自己的母语和文化与阿拉伯语和伊斯兰文化接近，在皈依伊斯兰教的过程中开始改说阿拉伯语。[8]46-47

阿拉伯语在该地区的传播可以分为两个时期。第一时期以宗教传播为主，语言的传播并不深入。土著柏柏尔人通过《古兰经》阅读和东方传教士宣讲，获得阿拉伯语知识，因此一开始阿拉伯语就与北非地区的伊斯兰教紧密相连。在第二时期，宗教同化转向语言同化，帝国境内许多正式场合都使用阿拉伯语，阿拉伯语成为唯一的官方语言。[3]20随着阿拉伯伊斯兰文化逐步在北非扎根扩散，当地柏柏尔人和阿拉伯人之间发生了民族融合。今日大部分阿尔及利亚人虽然有着柏柏尔人血统，却已将自己认定为阿拉伯人。[19]11

随着奥斯曼土耳其帝国打败阿拉伯帝国，占领阿尔及利亚，土耳其人将土耳其语定为官方语言，使得阿拉伯语和阿拉伯文化淡出了社会主流，失去了发展的社会根基，沦为宗教语言。正是从土耳其人统治开始，标准阿拉伯语开始和当地人的日常用语逐步脱节和分离，使得阿拉伯语方言获得了足够的发展空间，并受到不同殖民语言的影响，包括后来的西班牙语和法语，导致独立后的北非地区标准阿拉伯语和阿拉伯语口语之间存在长期的地位之争。[3]25-26

（三）法国殖民时期：语言同化政策

在法国殖民的 132 年历史中，法国对阿尔及利亚实施去种族和去文化的同化政策。[10]40-41殖民统治者对阿拉伯语的使用进行多方面大范围的限制：禁止学校教授阿拉伯语，限制和停止阿拉伯语报刊出版，掠夺有价值的阿语书籍文献。[8]47

法语对阿尔及利亚的影响大致分为两个阶段。1910 年前是反抗期，阿尔及利亚大部分人口抵制法国学校，拒绝学习法语。与此同时，殖民政府禁止学校教授阿拉伯语，传统的教育系统在 19 世纪最后 25 年崩溃了，小学入学率急剧下降，当地人口的识字率几乎减半。阿尔及利亚人认为，去法国学校接受教育会让其后代远离伊斯兰教，因此宁愿让孩子不识字，也不送去法国学校，而是偷偷送孩子去私塾学习阿拉伯语，或在清真寺通过背诵《古兰经》学习阿拉伯语。另外，殖民统治对当地柏柏尔人也造成了严重迫害。殖民者强行征用土地，清空了大量柏柏尔人社区，这些区域后来被讲阿拉伯语人重新填充。土地被征用的柏柏尔人被迫迁徙到地中海沿岸地区，很多人渐渐被阿拉伯化。在法国接管之前，讲柏柏尔语的人约占阿尔及利亚人口的 50%，而到独立时，柏柏尔人已下降到 20% 以下。[10]41-43[8]47-48

1910 年后阿尔及利亚人逐渐改变了对法语的态度。法国政府对当地穆斯林强制征兵，还有大量人口被征召去替换法国工人，这批阿尔及利亚士兵和工人很快意识到现代教育对社会进步的重要性，由文化抵制转变为对殖民学校的接受，并对法语教育产生了强烈的需求。这也导致了民族独立后阿尔及利亚人对法语的矛盾态度——一方面谴责法语作为殖民主义的野蛮同化工具，另一方面又无法否认法语作为现代化载体的价值。尽管如此，阿尔及利亚当地儿童的教育发展与当地的欧洲儿童相比，进展仍然缓慢，入学人口中讲阿拉伯语和柏柏尔语的学生数量很少。[28]164[29]50 转引自[10]44

同期，阿尔及利亚人的阿拉伯语教育受到严重阻碍。阿拉伯语没有地位，被认为是一种不值得教授和研究的语言。1954 年冬天出版的马斯佩蒂尔报告（Maspétiol Report）指出，大约四分之三的阿尔及利亚人缺乏阿拉伯语读写能力。[30]110 1954 年的人口普查显示，只有 13.7% 的成年穆斯林人有读写能力，能使用法语的人口大大超过能使用阿拉伯语的人口。[28]170 转引自[10]44 一项关于阿尔及利亚革命精英构成的研究发现，在 69 位领导人中，只有 5 位具有阿拉伯语教育背景，其余 64 位接受过法语培训。[31]60

（四）民族独立至今：阿拉伯化政策的推行、反抗和反思

阿尔及利亚独立后，为了重新建立阿尔及利亚的阿拉伯伊斯兰教身份，强化在阿拉伯国家的战略地位，独立政府开始在国家各个层面推行阿拉伯化，其核心是推广阿拉伯语。语言政策上的阿拉伯化主要体现在以下方面。

1. 将阿拉伯化写入宪法

阿尔及利亚民族独立后的第一部宪法第 5 条规定阿拉伯语是国语和官方语言，但同时第 73 条规定"法语可以暂时和阿拉伯语一起使用"。第一届政府认为，阿拉伯化政策必须逐步进行，过快的阿拉伯化会导致不良后果。1965 年阿尔及利亚发生军事政变，胡阿里·布迈丁（Houari Boumediene）推翻本·贝拉（Ahmed Ben Bella）政府，并彻底改变了首届政府对阿拉伯化的谨慎态度，开始了快速和系统化的阿拉伯化进程。这个过程是排除阿拉伯语之外一切语言，包括当地语言柏柏尔语和法语。新政府修改了宪法，第 3 条规定阿拉伯语是阿尔及利亚唯一的国家和官方语言，并且国家必须在所有机构中推广使用国家语言。1989 年，沙德利·本·杰迪德（Chadli Bendjedid）政府发动公民投票通过了第二部宪法，第 3 条内容取消了前一部宪法对国家施加的义务。[32] 1996 年穆罕默德·布迪亚夫（Mohamed Boudiaf）政府通过的第三部宪法保留了第 3 条内容。[33]

2. 成立机构监督阿拉伯化进程

为确保阿拉伯化进程快速进行，阿尔及利亚政府在 20 世纪 70 年代成立了高等教育常设委员会和全国阿拉伯化委员会。又在 80 年代先后成立了国家语言高级委员会、语言强化教学中心、阿尔及利亚阿拉伯语言学院和阿尔及利亚阿拉伯化协会。[10]69-71

3. 教育系统阿拉伯化

阿拉伯化政策对教育方面的影响最为深入，从小学阶段到高等教育阶段逐级进行，全面取代殖民时期法语在教育系统的位置。1964 年开始

小学一年级的阿拉伯化，1967 年小学二年级全面阿拉伯化，1971 年小学三、四年级全部阿拉伯化，中学一年级三分之一课程阿拉伯化，科学学科的三分之一课程阿拉伯化。1976 年以全民公投形式通过《国家宪章》，法语被认定为"外语"。1977 年，由于内阁改组，新上任的初等和中等教育部部长叫停了中等教育过于仓促的阿拉伯化进程。1979 年法语成为小学四年级的第一门必修外语，英语被规定从八年级开始学习。1980 年，法令规定高等教育的部分人文社科课程在第一年进行阿拉伯化。1996 年政府设定了高等教育在 2000 年 7 月前完成阿拉伯化。[10]72-76

然而，阿尔及利亚政府推行阿拉伯化政策的理想目标——使阿拉伯语成为国家唯一使用的语言，根除当地语言和殖民语言——并没有实现。刘晖在 2008 年利用教育部留学基金委资助本科生赴阿尔及利亚留学的机会对阿尔及利亚的主要语言使用情况进行了一个多月的调查访问，调查发现：标准阿拉伯语虽然作为官方语言，用于政府公文、新闻报刊、学术论文和文学作品等书面文体，但实际上使用范围和人群并不广泛。相比而言，阿尔及利亚阿拉伯语多用于一般事务和口头交际，使用人数要多得多，而法语不仅在经贸合同等文书中使用，也常用于一般公共事务，高等教育的医学、法学、经贸等现代学科课程。[8]48-49

阿拉伯化进程首先遭遇了柏柏尔人的抗争。在全国推广阿拉伯语的过程中，柏柏尔语和柏柏尔文化被视为不利于民族和国家统一的因素，从而遭到排斥。由于政府在语言政策上缺乏对阿尔及利亚柏柏尔属性的全面考虑，1980 年阿尔及尔和卡比利亚地区发生了大规模游行（被称为"柏柏尔之春"或"提济乌祖之春"），以争取柏柏尔人的应有语言和文化权利。[19]59-60 之后二十几年，柏柏尔人通过武装冲突、政治示威、民间运动等方式与政府抗争，也使得政府意识到了柏柏尔人群体的存在。1996 年通过的新宪法承认柏柏尔是阿尔及利亚人身份的基本组成部分。2002 年修改宪法第 3 条，将柏柏尔语规定为阿尔及利亚的第二国家语言。[10]77

教育系统的阿拉伯化被证明是失败的。独立后在各教育阶段实施阿拉伯语单语教育导致阿尔及利亚的教育出现了很多严重的问题。由于标准阿拉伯语并非阿尔及利亚人的第一语言 ［见第二部分（5）的论述］，反倒是阿尔及利亚阿拉伯语在日常生活中被广泛使用，学生在接受九年基础教育后仍然没有熟练掌握标准阿拉伯语。基础教育阶段师资水平低，大部分教职工没有学士学位。中学辍学率高，大量学生没有进入高中学习。高等教育中，科学和技术领域学生的专业基础很差，培养出来的毕业生无法满足国家社会、经济和文化的发展需求。[10]83

21 世纪之初，阿尔及利亚开始探索教育改革。阿卜杜勒 - 阿齐兹·布特弗利卡（Abdelaziz Bouteflika）总统在 1999 年上台后，政府于 2000 年成立全国教育系统改革委员会。委员会在次年提交教育改革报告，建议法语进入教育系统的时间从小学四年级提前至二年级，还建议中学科学课程采用法语而不是阿拉伯语教授。然而，由于政府机构中一部分人依然坚持全面阿拉伯化，教育改革直至 Abdelaziz Bouteflika 的第二任期才得以执行。法语于 2004 年重新作为第一外语在小学二年级开课，而英语在中学一年级作为第二外语引入。[10]84

法语在阿尔及利亚仍然重要。Mohamed-Amine Chemami 针对当地大学生做了四种语言日常使用度调查，结果显示法语排名第一——"经常使用"（Very frequent）和"常用"（Frequent）两项数据之和为 85%，略高于阿尔及利亚阿拉伯语（80.5%），但远高于标准阿拉伯语（28.3%）和英语（0%）。在教育方面，学好法语是进入高等教育、留学和找到好工作的必要条件。年轻人如果打算移民欧洲和加拿大，学好法语非常重要。[11]228-229

英语地位在崛起。在 21 世纪初的教育改革中，英语以阿尔及利亚第二外语的地位进入教育系统，学生从中学一年级学起。一方面，英语的语言地位提高与阿尔及利亚同美国和加拿大的合作关系密不可分，这两国长期免费资助阿尔及利亚的教育改革政策，包括帮助阿制定教材，培训英语教师，引进新技术等。[11]231 另一方面，学习英语也是顺应全球化趋势，英语是连接阿尔及利亚和世界各国的工具，其在当今阿尔及利亚人生活的许多领域中发挥了巨大作用，使得不同年龄段的阿尔及利亚人都在努力学习这种全球通用语言。

四　余论

　　阿尔及利亚在历史发展中呈现文化混合和语言多样的社会特点，双语或多语语境是常态。阿拉伯语双言特征导致学生不能用自己的母语（阿尔及利亚阿拉伯语）去学习知识，也造成他们标准阿拉伯语水平不高。政府的语言政策对柏柏尔语和文化长期排斥，使得柏柏尔人抵触阿拉伯化教育。阿尔及利亚人对法语爱恨交加的矛盾态度也是阻碍阿拉伯化政策和阿拉伯语教育推行的重要原因。在经济全球化和英语全球化传播的多重压力之下，阿尔及利亚经过一系列的政治社会改革，开始变得更加温和与包容。从重新确定法语为第一外语，到承认柏柏尔语作为国语和官方语言的地位，世界看到了一个能够包容多种语言和文化、更加民主的阿尔及利亚。

　　在阿尔及利亚语言政策发展的历程中，我们不难发现一些影响语言政策走向的动机因素，比如为"去殖民化"而产生的民族主义情结，为巩固民族国家而坚持的语言"一元化"意识形态，打击阿拉伯语方言以维护既得利益的精英思维，打破单一官方语言以平息国内外反对之音的认同需要，默认英语同法语竞争以获取经济价值的工具目的等。在下一步研究中，我们将利用语言政策与规划动机分析的理论框架，从民族认同、国家构建、意识形态、语言工具性等多个方面综合分析阿尔及利亚语言政策制定和发展背后的推动因素。

Diachronic Evolution of Algeria's Language Policies in Multilingual Contexts

Wu Lijia, *Xu Lihua*

(*College of International Education*, *Zhejiang Normal University*, *Zhejiang Financial College*; *International Office*, *Zhejiang Normal University*)

Abstract：As a country with multiple languages and cultures coexisting throughout the history, Algeria's language policy and planning since its national independence in 1962 have attracted great attention. This paper describes and sorts out the conditions of Algeria's main languages and their relations, and discusses the evolution of the country's language policies in different historical periods from a diachronic perspective. In general, the Arabization policy of more than half a century has not achieved desired results, and the status of standard Arabic as the first and official language in Algeria is still being challenged by multiple factors. Educational reform in the early 2000s has raised the status of French in the education system, and the Berber languages have been legally recognized by the constitution since then. Globalization and demands for economic development have prompted Algeria to adopt a more open and inclusive approach to the relationship between Arabic and other major languages in the country.

Key words: Algeria; Language Conditions; Evolution of Language Policies

注释:

①马格里布,非洲西北部一地区,阿拉伯语意为"日落之地"。该词在古代原指阿特拉斯山脉至地中海海岸之间的地区,有时也包括穆斯林统治下的西班牙部分地区,后逐渐成为摩洛哥、阿尔及利亚和突尼斯三国的代称。(引自维基百科2021.10,https://zh.wikipedia.org/wiki/%E9%A6%AC%E6%A0%BC%E9%87%8C%E5%B8%83)

②柏柏尔学院(法语:Académie Berbere)是一个1966年由"莫汉德·ARAV·贝萨乌得"(Mohand ARAV Bessaoud)和一群年轻的卡拜尔人所成立的文化协会。组织成员有知识分子、艺术家和记者,大家致力于提倡使用提非纳文来书写柏柏尔语。由于担心"学院"一词的误用,他们在1967年将此协会改名为"柏柏尔人大会"(AgrawImaziɣen)。不过该组织已于1978年解散。(引自维基百科-柏柏尔学院2021.07,https://zh.wikipedia.org/wiki/%E6%9F%8F%E6%9F%8F%E7%88%BE%E5%AD%B8%E9%99%A2。)

③布匿语,又称迦太基语、腓尼基布匿语,是一种在古迦太基使用的语言,现

已灭绝。在语言学上，布匿语与腓尼基语同属于闪米语族迦南诸语。（引自维基百科 – 布匿语 2019.09，https：//zh. wikipedia. org/wiki/% E5% B8% 83% E5% 8C% BF% E8% AA% 9E）

参考文献：

［1］中国同阿尔及利亚的关系——中华人民共和国外交部网站［EB/OL］. ［2021.07］ https：//www. fmprc. gov. cn/web/gjhdq_676201/gj_676203/fz_677316/ 1206_677318/sbgx_677322/.

［2］阿尔及利亚 – 维基百科［EB/OL］. ［2021.12］ https：//zh. wikipedia. org/wiki/% E9% 98% BF% E5% B0% 94% E5% 8F% 8A% E5% 88% A9% E4% BA% 9A #% E6% 96% 87% E5% 8C% 96；柏柏尔人 – 维基百科［EB/OL］. ［2021.09］ ht-tps：//zh. wikipedia. org/wiki/% E6% 9F% 8F% E6% 9F% 8F% E5% B0% 94% E4% BA% BA.

［3］孔令涛. 阿拉伯国家语言战略发展研究［M］. 上海：复旦大学出版社，2017.

［4］古萍. 马格里布地区语言问题研究［D］. 上海：上海外国语大学士学位论文，2014.

［5］廖静. 阿拉伯国家外语教育政策：成效与问题［J］. 语言战略研究，2021（5）：49 – 59.

［6］佳荷. 柏柏尔语在马格里布的使用现状及对策［J］. 语言政策与语言教育，2016（1）：11 – 20.

［7］潘捷. 阿尔及利亚语言政策对阿马齐格问题的影响研究［D］. 北京：北京外国语大学硕士学位论文，2018.

［8］刘晖. 阿拉伯语在阿尔及利亚的发展及现状调查［J］. 阿拉伯世界研究，2009（4）：46 – 53.

［9］金荣荣. 法国殖民者语言同化政策对阿尔及利亚文化的影响［D］. 北京：对外经济贸易大学硕士学位论文，2015.

［10］Benrabah, M. （2005）The Language Planning Situation in Algeria. Current Issues in Language Planning，6：4，379 – 502，DOI：10. 1080/14664208. 2005. 10807312.

［11］Chemami, M. A. （2011）Discussing Plurilingualism in Algeria：The Status of French and English Languages through the Educational Policy. International Journal of Arts & Sciences，4（18）：227 – 234.

［12］ Boudjelal, M. （2017）. Globalization and Language Policy：Local Languages and the Growth of English in Algeria since 1962 （Doctoral dissertation, University of Mostaganem）.

［13］ Bessaid, A. （2020）. The Quest for Algerian Linguistic Independence. AWEJ for Translation & Literary Studies, 4 （2）：105 – 119.

［14］ Sahraoui, S. （2020） English and the languages of Algeria：Suggestions towards a New Language Policy （Doctoral dissertation, The Philipps University of Marburg）.

［15］ 现代标准阿拉伯语 – 维基百科 ［EB/OL］. ［2021. 01］ https：∥zh. wikipedia. org/ wiki/% E7% 8E% B0% E4% BB% A3% E6% A0% 87% E5% 87% 86% E9% 98% BF% E6% 8B% 89% E4% BC% AF% E8% AF% AD.

［16］ Charles A. Ferguson （1959） Diglossia. WORD, 15：2, 325 – 340, DOI：10. 1080/00437956. 1959. 11659702.

［17］ 教育部语言文字信息管理司、组编. 世界语言生活状况 （2016） ［M］. 北京：商务印书馆, 2016：421 – 422.

［18］ 高杨. 非洲柏柏尔族及其语言 ［M］∥王战, 张瑾, 刘天乔主编. 非洲经济和社会文化制度研究. 武汉：武汉大学出版社, 2018：128 – 133.

［19］ 黄慧编著. 阿尔及利亚 （列国志：新版） ［M］. 北京：社会科学文献出版社, 2020.

［20］ 柏柏尔人 – 维基百科 ［EB/OL］. ［2021. 09］ https：∥zh. wikipedia. org/wiki/% E6% 9F% 8F% E6% 9F% 8F% E5% B0% 94% E4% BA% BA.

［21］ 提非纳文字 – 维基百科 ［EB/OL］. ［2021. 12］ https：∥zh. wikipedia. org/wiki/ % E6% 8F% 90% E9% 9D% 9E% E7% B4% 8D% E6% 96% 87% E5% AD% 97.

［22］ The World Factbook-Africa-Algeria ［EB/OL］. ［2021. 03］ https：∥www. cia. gov/ the-world-factbook/countries/algeria/.

［23］ Chtatou, M. （1997） The influence of the Berber language on Moroccan Arabic. International Journal of the Sociology of Language 123：101 – 18.

［24］ Mostari, H. A. （2004） A sociolinguistic perspective on Arabisation and language use in Algeria. Language Problems and Language Planning 28：25 – 43.

［25］ 马赛尔·艾格列多著维泽译. 阿尔及利亚民族真相 ［M］. 北京：世界知识出版社, 1958：11.

［26］ 汪达尔人 – 维基百科 ［EB/OL］. ［2021. 02］ https：∥zh. wikipedia. org/wiki/%

E6% B1% AA% E8% BE% BE% E5% B0% 94% E4% BA% BA；日耳曼语族－维基百科［EB/OL］.［2021.12］https：//zh. wikipedia. org/wiki/% E6% 97% A5% E8% 80% B3% E6% 9B% BC% E8% AF% AD% E6% 97% 8F.

［27］拜占庭帝国－维基百科［EB/OL］.　［2022.01］https：//zh. wikipedia. org/wiki/% E6% 9D% B1% E7% BE% 85% E9% A6% AC% E5% B8% 9D% E5% 9C% 8B #% E6% 96% 87% E5% 8C% 96.

［28］Bennoune, M.（2000）Education, Culture et Développement en Algérie. Bilan et Perspectives du SystèmeÉducatif［Education, Culture and Development in Algeria. Assessment and Perspectives for the Educational System］. Algiers：Marinoor-ENAG：164, 170.

［29］Colonna, F.（1975）Instituteurs Algériens：1883 – 1939［Algerian Primary-School Teachers：1883 – 1939］. Algiers：Office des Publications Universitaires：50.

［30］Horne, A.（1987）A Savage War of Peace. Algeria 1954 – 1962. London：Papermac：110.

［31］Mansouri, A.（1991）Algeria between tradition and modernity：The question of language（Unpublished PhD Thesis, State University of New York at Albany）.

［32］《阿尔及利亚民主人民共和国宪法》，1989 年.

［33］《阿尔及利亚民主人民共和国宪法》，1996 年.

非洲大学中文专业建设的现状与问题

——以达累斯萨拉姆大学为例

刘 岩[*]

摘 要　跟其他非洲国家类似，坦桑尼亚达累斯萨拉姆大学汉语专业建设仍处于起步阶段，在建设和发展过程中存在以下矛盾问题：专业建设由中方推动与当地审批的矛盾；招生数量与招生质量的矛盾；语言技能课程与知识课程的矛盾；评价体系与培养目标的矛盾；高需求与低保障的矛盾等。非洲大学汉语专业建设，应该根据实际情况及时修订教学大纲，积极开发本土教材，多渠道培养高水平本土师资，支持中小学开设汉语课程以获得更多有中文基础的生源。

关键词　非洲大学；中文专业；达累斯萨拉姆大学

21世纪以来，随着中非政治、经济、教育、科技、文化各领域合作交流的全面扩大和深入，非洲国家对汉语的需求迅速提升，汉语教学蓬勃发展。[1]根据中国国际中文教育基金会官方网站（www.cief.org.cn），截至2022年3月，非洲有45个国家建有62所孔子学院，20个国家建

*　刘岩，浙江师范大学国际文化与教育学院副教授，博士，研究方向：国际中文教育。

有 48 所孔子课堂。近十年来，中文教育在坦桑尼亚发展迅速，其中孔子学院及其教学点为最主要的推动力量。[2] 在孔子学院的推动下，坦桑尼亚大学的汉语专业也纷纷建立起来：2014 年多多马大学建立了汉语本科专业（BA in Oriental Languages〈Chinese〉，2018 年专业名称改为 BA in Chinese），2015 年莫罗戈罗穆斯林大学建立了汉语本科专业（BA with Education in Chinese），2018 年达累斯萨拉姆大学建立汉语本科和汉语专科专业。因为汉语教学整体基础较为薄弱，坦桑尼亚的汉语专业发展都处于起步阶段，和其他非洲国家类似，具有一些普遍性的特点。本文将以坦桑尼亚达累斯萨拉姆大学为例，梳理一下非洲大学汉语专业建设的现状和存在的问题。

达累斯萨拉姆大学（以下简称"达大"）是坦桑尼亚最古老也是最重要的大学之一。达累斯萨拉姆大学孔子学院（以下简称"达大孔院"）自 2013 年成立以来，积极推动在达大的汉语专业建设，目前达大有英汉教育本科专业，英文名称是：Bachelor of Artswith Education（Chinese & English Language），学制三年；汉语专业专科项目（Diploma in Chinese Language），学制两年。截至 2021 年底汉语本科专业的学生已经招收了三届，2018 年首届学生目前有 53 人，2019 届 116 人，2020 届 115 人。汉语专科生，已经招收了四届，2018 年首届学生 14 人，2019 届 13 人，2020 届 12 人，2021 届 12 人。在达大汉语专业建设和发展过程中我们发现存在以下矛盾问题。

一　中方推动与当地审批的矛盾

由于非洲当地大学没有本土的汉语专家，教育主管部门也没有相应的汉语教学管理人员，若在非洲大学开设汉语专业，必须由中方人员全程推动。由于在培养方案的设计理念以及教学大纲设计模式等方面的差异，中外双方要进行多次的沟通和协调。具体表现在以下几点。（1）中方开设汉语专业的目的是培养高级汉语人才以推动中外双方的文化交流与人文往来；外方关注的是这个专业开设的必要性，是否有足够的生源，是否有利于学生就业，专业开起来以后是否有竞争力。（2）中方重视课程设置的实用性，注重汉语语言技能的学习；外方重视课程设置的学术性，注重保证学位教育的质量。（3）中方考虑课程开设的可行性，是否有相应的师资保障；外方考虑知识体系的完整性，是否能与国际上类似专业接轨。（4）中方强调开设汉语专业的紧迫性；外方强调程序的规范性。

由于以上中外方在制定大纲理念上的差异，当地大学设立汉语专业困难重重，过程漫长。以达大孔院为例，自 2015 年开始，达大孔院开始聘请中国专家编写汉英教育本科和汉语大专课程大纲，为设立汉语专业做准备。经过多轮协调与修改，2017 年 3 月 3 日，也就是两年后这两个项目才得到达大教务委员会（Senate）的批准。教务委员会批准以后，专业开设申请需提交给坦桑尼亚教育部大学委员会（The Tanzania Commission for Universities，TCU）审批。又经过多次修改大纲，2017 年 11 月 1 日，汉语本科专业得到了坦桑尼亚教育部大学委员会的批准。但汉语专科的审批工作遇到了麻烦，因为 TCU 只审批学位项目，非学位项目都是由国家技术教育委员会（National Council for Technical Education，Nacte）审批，达大是大学，不归 Nacte 管辖，其无权审批大学的教学项目。后来经过多方协调，TCU 于 2017 年 11 月与 Nacte 书面沟通，请求其为达大审批汉语专科项目，但 Nacte 的答复仍然是无权限审批。后来达大多次与 TCU 开会沟通，最后 TCU 授权达大，只要达大的教务委员会批准，汉语专科项目就可以实施。2018 年 3 月 14 日，汉语专科项目最终得到大学的批准。

总之，汉语专业在大多数非洲国家的大学中都是全新的专业，不论是大学的教务主管部门，还是教育部的主管部门，都没有专门的人员和相应的管理机制，申请专业设置的过程都比较漫长，但这个过程也是促进当地主管部门了解中文专业、完善管理机制的过程。

二　招生数量与招生质量的矛盾

首先，我们了解一下坦桑尼亚的教育制度和初高中的毕业及升学要求。

坦桑尼亚的教育系统可以简称为 "7－4－2－3＋" 体系，7 年小学，4 年初中，2 年高中，至少 3 年高等教育。学生经过 1~3 年的幼儿园学习后，接受小学教育（Standard Education）。小学共 7 年的时间，学生约 7 岁上小学一年级（Standard One），14 岁小学毕业。小学毕业后，学生进入中学阶段（Secondary Education），中学包括初级阶段（Ordinary Level）和高级阶段（Advance Level）。初级阶段即初中，共 4 年，从中学一年级（Form One）到四年级（Form Four）。初中毕业后学生可以直接选择学院（College）或职业培训中心（Vocational Training Centres）进行中专（Certificate）和大专（Diploma）的学习，需要 2~3 年时间完成。获得资质后学生可以选择本科学位（Degree）学习。初中毕业后，学生也可以选择进行高级阶段（Advance Level）学习，即高中，高中包括中学五年级（Form Five）和中学六年级（Form Six）两年的学习，高中毕业后参加 "高考"，学生根据高考成绩选择大学（University）攻读学位，3~5 年时间可以毕业。

中学一年级和二年级学习 11 门必修课，分别是地理、斯瓦希里语、英语、生物、化学、物理、历史、公民学、记账（Book Keeping）、商务（Commerce）、基础数学（Basic Maths）和一门选修课，可以是计算机、法语、汉语、文学、圣经、营养学或缝纫。从中学三年级开始，科目分成了三个方向：商科（Business）、理科（Science）和文科（Arts）。商科除了学习专业课程记账（Book Keeping）和商务（Commerce）外，还要学习地理、斯瓦希里语、英语、生物、历史、公民学、基础数学和一门选修课。理科学生专业课为物理和化学，除此之外，他们要学习跟商科一样的非专业课。文科学生的主要科目是地理、斯瓦希里语、英语、生物、民主学、历史、基础数学和一门选修课。

高中学生必须学习通识（General Studies）和基础数学（Basic Mathematics，作为辅修课）以及公民学（Civics，作为必修课）。除此以外，学生根据自己的兴趣和未来职业走向，可以从会计（Accountancy）、高级数学（Advance Mathematics）、农业（Agriculture）、生物

（Biology）、化学（Chemistry）、商务（Commerce）、经济（Economics）、地理（Geography）、历史（History）、语言（Language）、食物营养学（Food and Human Nutrition）、物理（Physics）、斯瓦希里语（Swahili）中选择三门组合作为主科学习。一共有 18 个组合课程，分为两大类。

一是自然科学类组合（Natural Science）：

物理、化学、数学（PCM）；

物理、化学、生物（PCB）；

物理、地理、数学（PGM）；

经济、地理、数学（EGM）；

化学、生物、地理（CBG）；

化学、生物、农业（CBA）；

化学、生物、营养学（CBN）；

二是人文类组合（Arts Combination）：

历史、地理、英语（HGL）；

历史、地理、斯语（HGK）；

历史、斯语、英语（HKL）；

斯语、英语、法语（KLF）；

经济、商务、会计（ECA）；

历史、地理、经济（HGE）；

另外有 5 个组合是 2021 年坦桑尼亚教育部刚刚新增的：

物理、数学、计算机（PMC）；

斯语、法语、汉语（KFC）；

斯语、英语、汉语（KEC）；

物理教育、生物、美术（PEBFA）；

物理教育、地理、经济（PEGE）[①]。

高中毕业考试辅修课和公民课只要通过就可以，不计成绩，上大学主要看学生所选的三门课的成绩。每所高中不会开所有的课程，学校根据自己的规模和优势，提供不同的组合课程。所以学生将来上大学想学什么，读高中的时候就要想好了。

大学录取需要同时看学生的初中毕业成绩和高中毕业成绩。达大汉语教育本科专业的入学要求是：初中毕业考试（Certificate of Secondary Education Examination）至少有 5 门通过，其中有 3 门应该具备上高中的成绩。高中毕业考试（Advanced Certificate of Secondary Education Examination）成绩需要有两门主科达到 D 级以上；或者相当于高中同等学力的有三门主科在 C 级以上，其中并不要求选修汉语；或者具有达大的汉语大专文凭，并且平均成绩要在 B 以上。或者高中毕业拥有 HSK3 级及以上证书。

达大汉语大专的录取要求是有初中毕业证，并且初中毕业成绩中至少有两科通过。

总之，汉语专业的入学对汉语水平没有要求，其他的入学标准基本也是相当低的，学生想报考汉语专业并不难。所以达大汉语专业招收的学生汉语都是零基础，相当一部分学生被录取后会自动退学，或者学习态度也不太好。以 2018 年首届本科生为例，开始学校录取了 100 多人，但到 2020 年的时候只剩下 53 人。据达大校长介绍，大学各个专业都存在这种中途退学的情况。

但如果提高录取标准，增加对汉语水平的要求，那这个专业招生就会变得非常困难。坦桑尼亚将汉语纳入高考科目后，只有两所中学提供汉语课程，一个是 Morogoro 女子中学，另一个是 Usagara 男子中学。尽管很多中学想开设汉语课程，但由于师资短缺，能提供汉语教学的高中数量在短期内不会有明显的增加。

三　语言技能课程与知识课程的矛盾

如上文所述，坦桑尼亚当地教育主管部门比较注重学位教育的学术性，所以在大纲制定过程中培养方案中包含很多知识性与学术性的课程。以多多马大学汉语专业为例，最初的教学大纲包括句法学、词汇学、词法学、汉语语言学、史前汉语、批判与论辩等课程，这些专业课程跟学生比较低的汉语水平是极不相符的。开设这些专业课程，对于只有初级汉语水平的学生来说，他们既没有扎实的语言基础，也没有足够的知识储备，最终是揠苗助长，教学和学习效果都不尽如人意。鉴于此，2018 年多多马大学修订了汉语专业的教学大纲，将以上课程替换成语言技能方面的课程及其他比较实用的学术性不是很强的课程。

达累斯萨拉姆大学存在同样的问题。达大的汉语专业名称为"汉英教育"本科专业，之所以当初设计为"汉英"双语，是为了能更好地招生，可这样一来，汉语的学分和课时数都变得更少了。根据教学大纲，大一上下学期汉语都只有两门课，每周共有 4 课时；大二上学期共三门课，每周 6 个课时，大二下学期，共两门课，每周 4 个课时；大三上下学期各三门课，每周 6 个课时。对于这些汉语都是零起点的本科学生来说，课时量严重不足，最终很难培养出我们预期的汉语人才。另外在有限的汉语课中还有很多非语言技能课，如：中国口头文学、中国当代文学、汉英翻译、汉语史、中国古代文学、汉语语义学和商务汉语等。除了商务汉语外，其他都是知识性课程，这些课程也都严重超出学生的语言水平。

达大汉语专科班，因为专科的性质，注重语言技能的培养，培养方案中汉语相关课程课时量比较充足，每个学期都有五门汉语课，汉语课每周至少有 10 个课时。现在专科班学生的汉语水平总体上比本科班的汉语水平高。

大学汉语本科专业是学位课程，培养方案的教学目标中都明确要求学生除了熟练掌握汉语听说读写各项技能外，还能熟悉和理解中国文化，具备跨文化交际的意识及能力和运用汉语进行科研和工作的能力。在培养方案中设置一定文化及其他知识课程是合理的，但由于目前的本科专业的生源都是汉语零起点的学生，他们需要大量的语言学习课程和充足的课时才能在有限的学习时间内，将汉语能力提高到一定的水平。

语言课程与知识课程的矛盾，只有招收到具有一定汉语水平的生源以后才能得以解决。或者修改教学大纲，延长学习周期，将目前三年学制延长至四年或五年。

四　评价体系与培养目标的矛盾

大学生学习成绩评价方法和计分体系，在坦桑尼亚等原英国殖民地国家基本都采用英国大学的方法。以达累斯萨拉姆大学为例，根据教学大纲和达大的考试规定，每门课过程性评价占 40%，期末考试占 60%。学生成绩考评制度大部分按 ABCDE 五个等级进行评定，学生成绩只需达到科目总成绩的 40% 即及格。

汉语专业的期末考试属于成绩测试（Achievement Test）而非语言水平测试（Proficiency Test）。成绩测试用来测量考生在某一课程或学习的某个阶段的学习进展或学习成果，也叫"学业测试"。成绩测试本着"教什么学什么考什么"的原则，与一定的教学内容密切相关，是基于一定教学内容或教学大纲（Syllabus-Based）的测试。[3] 语言学习的成绩测试如果按 40% 就及格的标准要求学生，体现在语言水平上会非常低。这导致最后培养出来的学生其语言能力达不到应有的水平。

这种评价体系与培养目标之间的矛盾，可以通过引进汉语水平考试（HSK）作为学业评价考试的方法来解决，也可以在学校教务委员会允许的情况下制定自己专业的成绩评价标准。如果必须遵循总成绩 40% 为及格线的规定，老师要提高汉语各科目的命题难度，严格把关平时成绩，以尽可能实现在低及格线标准下培养学生较高的汉语水平的目标。

五　高需求与低保障之间的矛盾

坦桑尼亚各级别学校对汉语的需求都非常大，在疫情前，达大孔院每年的注册学员都超过 10000 人，坦桑尼亚教育部自 2016 年开始相继在16 所公立中学开设了汉语课程，汉语师资短缺是制约汉语教学在坦桑尼亚中小学发展的最重要原因。中坦两国各领域的合作越来越密切，对汉语人才的需求也越来越大。在高等学校开设汉语专业培养高水平汉语人才，为中小学培养汉语教学师资是大势所趋，这一点毋庸置疑。另外从每年申请汉语本科的学生数量也可见一斑，以达大为例，自设立汉语本科专业以来每年报考的人数有近 200 人，最终每年会录取 100 多人。但与大学汉语专业的高需求形成鲜明对比的是汉语专业脆弱的保障条件。

首先，大学汉语师资严重不足。在坦桑尼亚作为大学老师的一个基本条件是要有硕士学位。目前达大的汉语本专科课程都是由中国的公派教师和部分本土教师来承担。中国汉语老师流动性大，本土教师数量少，并且教学水平和汉语水平都相对较低。目前达大共有 6 位汉语本土教师，还没有拥有博士学位的老师，作为一个教学团队，严重依靠中方的支持。自 2020 年疫情以来，中国教师很难派出，对于达大本科汉语教学影响很大。

其次，没有专门供汉语专业学生使用的汉语教材。目前达大本专科的综合课、听说课、汉字课等汉语核心课程都使用的是北京大学出版社出版的由肖奚强、朱敏主编的《汉语初级强化教程综合课本Ⅰ-Ⅳ》和《汉语初级强化教程听说课本Ⅰ-Ⅳ》。本专科的写作课使用的是高等教育出版社的《体验汉语：写作教程》。虽然这些都是国内优秀的汉语教材，但在实际使用过程中，教师只能根据需要选取部分内容开展教学。坦桑尼亚更需要具有本土特色，符合专业学制要求和培养目标的教材。

至于本专科的《商务汉语》《中国口头文学》《中国当代文学》《翻译》《汉语史》《中国古典文学》《汉语语义学》等选修课，更是没有符合当地需求的教材，由于学生汉语水平比较低，老师们都把这些课直接上成了汉语语言技能课，这与教学大纲要求不符，也是违反教学管理规定的，但不论对学生还是对老师来说，都是无奈之举。达大孔院目前已经编写并出版了《坦桑尼亚旅游汉语》和《太极拳》两本本土教材，并正在编写《中国文化》《商务汉语》等其他选修课教材②。孔子学院应该发挥自己的优势，为开发非洲当地急需的本土教材贡献力量。

师资和教材得不到保障很难保证大学汉语专业的健康发展，据悉坦桑尼亚莫罗戈罗穆斯林大学已经于 2017 年暂停招生。虽然中国教育部中外语言合作交流中心和中国国际中文教育基金会开发了很多线上课程和网络资源可以支持非洲汉语教学，孔子学院中方合作院校也可为非洲提供远程教学的师资，但网络资源和远程教学在非洲取得的效果非常有限。许嘉璐先生也说过：运用当前最新的网络技术，可以让远隔万里的中文教师和学习者的语言文字相通了，而人与人之间感情的相互理解与沟通还是受到限制了。情不解，则心难通。[4]可见要解决非洲大学中文专业可持续发展的问题，必须耐下心来培养当地本土师资，开发当地本土教材。中方在这两方面工作上要积极与外方配合，提供支持，为大学汉语专业发展提供保障。

六　结语

中非各领域合作不断深化，汉语学习的社会需求不断增强，这都促使汉语教学在非洲快速发展，包括大学汉语本科专业的建设和发展。但非洲各层次的汉语教学包括大学汉语专业的教学都还处在起步阶段，存在各种各样的问题。

大学汉语本科专业要培养出高层次的人才，需要有"源头活水"，也就是要有一定汉语基础的生源，这就需要中学要有良好的汉语教学基础和大批学习汉语的中学生，中学汉语教学要发展，需要大批汉语师资，这又需要大学开设汉语专业培养大批汉语师资以满足中学教学的需要。这个看似无解的循环，只有与时俱进，根据实际情况灵活应对慢慢解决，在大学汉语专业发展的过程中要注重内涵建设和质量保障。

第一，根据实际情况及时修订本科专业的教学大纲。在教学过程中发现教学大纲有问题要及时修订，及时增删课程，延长汉语学时，明确教学目标和培养特色。

第二，多渠道培养高水平的师资队伍。教师是教学的根本，培养优质的本土教师是长久之计。可以通过语合中心的新汉学计划等项目，鼓励目前的汉硕本土教师去中国读博士，同时进一步多招收本土教师到大学任教，孔子学院要做好汉语师资选拔、培训和学历提升等工作。

第三，编写适合非洲当地国情的专业教材。中国的现有教材不符合非洲各国的需要，在非洲也很难购买到中国的教材，即使能买到价格也非常昂贵。我们应该尽快协助非洲当地编写出像商务汉语、旅游汉语、中国文化等专业课的本土教材。这些教材要符合非洲国情，有分国别的文化比较，教材注释要用当地的语言。

第四，鼓励更多高等学校开设汉语相关专业。只有增加汉语专业学生的基数，才能培养出更多的高水平汉语人才。以坦桑尼亚为例，我们要支持达大其他学院（如斯瓦希里语学院）尽快开设汉语专业本科课程，培养斯汉翻译、汉语教师等人才。

第五，为招收优质生源创造环境。大学要招收到优质的汉语专业生源，需要有广泛的中学汉语教学基础。中坦双方都应全方位的支持坦桑尼亚的中学汉语教学，扩大学习汉语中学生的数量。

总之，非洲的大学汉语专业起步比较晚，目前整个专业建设还处于比较低的水平，坦桑尼亚达累斯萨拉姆大学的汉语专业办学情况也是非洲大学汉语专业发展现状的一个缩影。我们要放眼未来，中外双方精诚合作，克服当前的各种困难，一步一个脚印地把大纲、教材、教师等基础性工作做好。

The Status and Challenge of the construction of Chinese majors in African universities: Take the University of Dar es Salaam as an example

(College of International Education, Zhejiang Normal University)

Abstract: The construction of Chinese major in University of Dar es Salaam in Tanzania is still in its infancy. Similar to other African countries, there are the following contradictions in the process of construction and development of Chinese BA Program in the University: the contradictions between the promotion of major construction by China and local approval; between enrollment quantity and enrollment quality; between language curriculum and knowledge curriculum; between the evaluation system and the training goal; between high demand and low guarantee, etc. The construction of Chinese major in African universities should timely revise the syllabus according to the actual situation, actively develop local teaching materials, cultivate high-level local teachers through multiple channels, and support primary and secondary schools to set up Chinese courses in order to obtain more students with Chinese foundation.

Key words：African University；Chinese Major；University of Dar Es Salaam

注释：

①以上内容参考 Education system Tanzania ［Document］EP-Nuffic 1st edition 和坦桑尼亚教育部网站 http://www. necta. go. tz/acsee。

②参见中国国际中文教育基金会编写的《孔子学院年度发展报告2020》。

参考文献：

［1］徐丽华. 专家主题论坛：非洲汉语教学研究［J］. 国际中文教育（中英文），2020（1）：10 – 11.

［2］刘岩. 坦桑尼亚中文教育发展现状概述［J］. 国际中文教育（中英文），2022（1）：50 – 59.

［3］刘珣. 对外汉语教育学引论［M］. 北京：北京语言大学出版社，2000.

［4］许嘉璐. 国际中文教育70周年寄语. 见马箭飞，刘利主编. 国际中文教育70周年纪念文集［C］. 北京：北京语言大学出版社，2021.

［5］邓弋赫. 埃及艾因夏姆斯大学中文系汉语教学现状调查研究［D］. 长春：吉林外国语大学硕士学位论文，2020.

［6］邓子琦. 喀麦隆马鲁阿地区高校汉语教学情况调查研究［D］. 大连：辽宁师范大学硕士学位论文，2019.

［7］沈洁. 亚的斯亚贝巴大学孔子学院本科汉语教学情况调查及对策研究［D］. 杭州：浙江科技大学硕士学位论文，2021.

莫桑比克汉语作为第三语言学习者词汇学习策略研究

周玲妹　孙春颖[*]

摘　要　多语背景学习者在将汉语作为第三语言学习过程中，往往受第二语言学习策略影响。本文对莫桑比克汉语学习者进行了问卷调查，在汉语词汇学习中，他们的学习策略使用频率会受性别、学习时长、汉语水平、学习动机等因素影响，并且学习策略的总体使用情况及各维度使用情况，都与第二语言词汇学习策略有所不同，也会受到第二语言词汇学习策略影响。本文以此为基础，为汉语教师的词汇教学提供更具指导性的建议。

关键词　莫桑比克；汉语作为第三语言；词汇学习策略

一　引言

一直以来，对学习策略的研究都是语言学习和教学研究的重要课

---

* 周玲妹，浙江师范大学莫桑比克蒙特拉内大学孔子学院专职教师；孙春颖，浙江师范大学国际文化与教育学院副教授，博士，通讯作者，研究方向：国际中文教育。

题。在以往第二语言文献中，学习者学习第一语言之后的其他所有语言都被称为"第二语言"（L2）（Ellis，1994）。随着学者们对二语习得领域的深入研究，"第三语言"（L3）并非简单的字面意义，也不是指学习过的语言的数量，而是指是除去母语和 L2（可能还未完全掌握）之外的，正处于学习阶段的一种或几种语言（Jessner，1999；Hammarberg，2001；Fouser，2001；Jordà，2005）。Herdina&Jessner（2000）认为"三语习得"特指已经掌握两种或两种以上语言的学习者习得一种或多种语言的过程。

本文研究对象为莫桑比克的汉语学习者，他们通常已经掌握两种及两种以上的语言，即汉语是作为 L3 的。本文将通过调查，了解莫桑比克汉语作为第三语言学习者（以下简称"汉语 L3 学习者"）词汇学习中使用的学习策略，以便为学习者提出学习建议，为教师提出教学建议。

二　研究方法

（一）问卷设计

本次问卷调查旨在了解莫桑比克汉语 L3 学习者如何使用词汇学习策略，以便帮助学习者有意识地更好地利用 L3 词汇学习策略，有意识地区别于 L2 学习词汇时的学习策略，提高汉语水平。同时为当地汉语教学提供参考依据，使汉语教师能更好地针对当地多语情况开展汉语作为 L3 的教学。在 Gu&Johnson 的词汇学习策略量表和 Oxford 学习策略分类的基础上进行调整和修改，对莫桑比克学习者进行调查研究。

问卷调查的目标为：第一，分析个人因素对学习者汉语词汇学习策略使用的影响；第二，分析汉语学习者的各项汉语词汇学习策略；第三，了解学习者汉语词汇学习策略的总体趋势以及使用情况。问卷分为引言、背景调查和汉语 L3 词汇学习策略调查量表（SILL）三个部分，量表共分为 6 个维度，共计 36 个问题。

（二）问卷合理性检验

本文使用克朗巴哈系数（Cronbach α）检验问卷，以此确保问卷的可靠性和可信度。大规模正式发放问卷之前，使用 SPSS 软件对已发放回收的 50 份问卷进行了预测试，结果如表 1 所示。

表 1　预调查 Cronbach 信度分析

项数	样本量	Cronbach α 系数
36	50	0.935

"汉语作为第三语言词汇学习策略调查量表"的信度大于 0.8，说明问卷数据信度高，问卷可进一步大规模发放。在完成全部问卷回收工作后，进行分维度信度检测，结果如表 2 所示。

表 2　完整样本 Cronbach 信度分析

维度	项数	样本量	Cronbach α 系数
记忆策略	7	176	0.757
认知策略	8	176	0.784
补偿策略	5	176	0.655
元认知策略	6	176	0.789
情感策略	5	176	0.700
社会策略	5	176	0.687
总体	36	176	0.924

各维度信度均大于 0.6，总体信度大于 0.8，说明调查问卷的信度高，数据结果可以有效地反映莫桑比克汉语 L3 学习者的词汇学习策略使用情况。

表 3 显示，问卷整体和各维度的 KMO 值均在 0.7 以上，表明本文的问卷整体上和各个维度上的信度都较好，可以作为接下来的数据进行分析。

表3　完整样本效度分析

名称	维度					
	记忆策略	认知策略	补偿策略	元认知策略	情感策略	社会策略
各维度 KMO 值	0.779	0.790	0.704	0.792	0.732	0.736
整体 KMO 值	0.756					

　　经过 Pearson 相关性检验，呈现表4结果，总的来说，六个维度之间存在中等程度以上的较强相关性，内部具有较高的一致性。记忆策略与认知策略、补偿策略、元认知策略、情感策略、社会策略之间存在不同程度的相关性。

表4　相关性分析

	相关性	记忆策略	认知策略	补偿策略	元认知策略	情感策略	社会策略
记忆策略	Pearson 相关性	1	0.686 **	0.462 **	0.659 **	0.574 **	0.500 **
	显著性（双侧）		0	0	0	0	0
认知策略	Pearson 相关性	0.686 **	1	0.530 **	0.663 **	0.540 **	0.556 **
	显著性（双侧）	0		0	0	0	0
补偿策略	Pearson 相关性	0.462 **	0.530 **	1	0.582 **	0.412 **	0.435 **
	显著性（双侧）	0	0		0	0	0
元认知策略	Pearson 相关性	0.659 **	0.663 **	0.582 **	1	0.592 **	0.511 **
	显著性（双侧）	0	0	0		0	0
情感策略	Pearson 相关性	0.574 **	0.540 **	0.412 **	0.592 **	1	0.543 **
	显著性（双侧）	0	0	0	0		0
社会策略	Pearson 相关性	0.500 **	0.556 **	0.435 **	0.511 **	0.543 **	1
	显著性（双侧）	0	0	0	0	0	

　　* 代表 $p < 0.05$，** 代表 $p < 0.01$

三　学习者汉语词汇学习策略使用情况分析

　　学习者使用的策略按均值范围可分为：低频率使用策略类型（均值 0.0~2.4）、中频率使用策略类型（均值 2.5~3.4）、高频率使用策略类型（均值 3.5~5.0）。本次受试者策略使用整体情况如表 5 所示。

表 5　受试者整体策略使用情况

	记忆	认知	补偿	元认知	情感	社会
平均值	4.0722	4.2322	4.0295	4.0445	4.0955	4.1727
标准差	0.69752	0.69958	0.78386	0.77177	0.7697	0.74661
中值	4.1429	4.375	4.2	4.1667	4.2	4.4

可见，与 L2 词汇学习策略相比，学习者汉语作为 L3 的词汇学习策略整体上属于高频率使用策略类型，按照使用频率由高到低排序为：认知策略 > 社会策略 > 情感策略 > 记忆策略 > 元认知策略 > 补偿策略。

（一）记忆策略使用情况

记忆策略的七项均值如表 6 所示。

表 6　记忆策略使用情况

题目	平均值	分策略	平均值
1. 我学习汉语时，更常在卡片上写下词汇，便于随时背诵	3.84	死记硬背策略	4.01
2. 我学习汉语时，更常反复朗读以前学习过的词汇	4.18		
3. 我学习汉语时，更常用图画、动作或者实物来记词汇	3.99	形成意象策略	3.99
4. 我学习汉语时，更常用新学的词汇编对话或造句	4.44	上下文语境策略	4.3
5. 我学习汉语时，更多把词汇放在句子中理解记忆	4.16		
6. 我学习汉语时，更常联想到其他与之同义或反义的词汇	3.77	联想策略	3.95
7. 我学习汉语时，更多把相关的单词一起学习	4.13		

由表 6 可见，学习者在学习过程中，最喜欢使用上下文语境策略，将所学的词汇编对话和句子是学习者学习词汇最多使用的方法，而联想策略使用最少。笔者了解到，教师在教授词汇时会将词汇放在句子中解

释，有意识地引导他们用新的词汇造句，可能是这个原因造成受试者倾向于使用上下文语境策略。

（二）认知策略使用情况

认知策略的八项均值如表 7 所示。

表 7　认知策略使用情况

题目	平均值	分策略	平均值
8. 我学习汉语时，更常把生词在脑中分为不同类型来记忆	3.87	总结分类策略	3.87
9. 我学习汉语时，碰到不懂的词汇，我更常写下来，之后去查字典	4.38	查工具书策略	4.09
10. 我学习汉语时，更常通过查词典，学习生词的搭配、词组或固定表达	4.16		
11. 我学习汉语时，更多使用双语字典	4.16		
12. 我学习汉语时，更多使用中国人用的词典	3.65		
13. 我学习汉语时，更常把我遇到实用的表达方式或短语记下来	4.47	记笔记策略	4.54
14. 我学习汉语时，我更常地在笔记本上记录词汇的搭配及其例句	4.49		
15. 我学习汉语时，更常把词汇及其葡语或英语意思记录在笔记本上	4.67		

基于数据分析，学习者在汉语词汇学习过程中最常使用记笔记策略，即最喜欢记录词汇搭配和例句。与第二语言词汇学习策略相比，学习者最不常使用中国的汉语词典，更多使用的是葡汉或英汉词典，这与现实情况有关，一方面，学习者很难买到适合初级学习者使用的汉语词典，另一方面，教师在教学过程中基本不教学生使用汉语词典。

（三）补偿策略使用情况

补偿策略的五项均值如表 8 所示。

表8 补偿策略使用情况

题目	平均值	分策略	平均值
16. 我学习汉语时，碰到不认识的词汇，我更常猜它的意思	4.47	猜测策略	4.13
17. 我学习汉语时，不是每个词汇都知道意思，但是我更常会通过字猜词，再猜整体句子的意思	3.9		
18. 我学习汉语时，更常分析词汇的结构和构词法来推测词义	4.02		
19. 我学习汉语时，如果忘记某个词汇，更多时候会向别人请求帮助	4.15	迂回策略	3.88
20. 我学习汉语时不知道怎么表达某个词汇时，我更多使用手势或者其他差不多意思的词语	3.61		

总体而言，莫桑比克学习者在汉语词汇学习过程中，补偿策略使用最少，当碰到不认识的词语时，会倾向于使用猜测策略，经常直接猜测词义或者根据字形结构猜测词义；在不知道如何表达词语时，比较倾向于求助与他人的迂回策略。

（四）元认知策略使用情况

元认知策略的六项均值如表9所示。

表9 元认知策略使用情况

题目	平均值	分策略	平均值
21. 我学习汉语时，更常制定词汇学习计划	3.81	制定和执行学习计划策略	3.81
22. 我学习汉语时，更常完成制定的词汇学习计划	3.81		
23. 我学习汉语时，更将我认为重要的词汇记录下来	4.36	确定学习重点策略	4.34
24. 我学习汉语时，花更多的时间记忆重点词汇	4.31		
25. 我学习汉语时，更常总结词汇学习中的进步和存在的问题	3.77	评价学习效果策略	3.99
26. 我学习汉语时，更加会适当地调整和改进词汇学习方法	4.21		

基于数据可以得出，莫桑比克学习者在学习汉语词汇时，常常能确定学习重点，花更多的时间记忆重点词汇；而且他们愿意调整词汇学习方法来提高学习效果，但较少根据自身情况总结个人学习中好的方面和坏的方面。在制订和执行学习计划策略方面，整体均值较低。

（五）情感策略使用情况

情感策略的五项均值如表 10 所示：

表 10　情感策略使用情况

题目	平均值	分策略	平均值
27. 我学习汉语时，更加会鼓励自己去说学过的词汇	4. 51	自我鼓励策略	4. 34
28. 我学习汉语时，更常会奖励自己	4. 16		
29. 我学习汉语时，更常不在意词汇说错，觉得说错很正常	3. 6	克服焦虑策略	3. 6
30. 我学习汉语时，更常同别人交流学习词汇的经验和体会	4. 26	控制情绪策略	4. 11
31. 我学习汉语时，更常控制学习词汇时的情绪	3. 96		

表 10 显示，莫桑比克学习者在学习汉语词汇的过程中，更常使用自我鼓励策略，愿意尝试在日常生活中使用学过的词汇。与 L2 词汇学习相比，在汉语作为 L3 学习中更常使用同别人交流的策略。但是第 29 项的均值较低，说明受试者对此问题的认同度相对较低，有部分学习者很在意说错汉语词汇。根据笔者自身教学实践，莫桑比克学习者在学习词汇过程中更喜欢听教师的表扬和鼓励，而非一味地纠错。

（六）社会策略使用情况

社会策略的五项均值如表 11 所示：

表 11　社会策略使用情况

题目	平均值	分策略	平均值
32. 我学习汉语时，如果说错了词语，我更常让中国人改正错误，并询问错误的原因	3.7	提问策略	4.13
33. 我学习汉语时，如果我不明白这个词汇，我更常让他解释一下或再重复一遍	4.56		
34. 我学习汉语时，更常和同学一起学习词汇的问题	4.2	与他人合作策略	4.2
35. 我学习汉语时，更常请家教帮助我学习词汇	3.92		
36. 我学习汉语时，更加认为和中国的朋友交流对词汇学习非常重要	4.48		

由表 11 可见，莫桑比克学习者认为与中国朋友交流对学习汉语词汇很有帮助。第 32 项的均值较低，可能有两方面原因：一方面是说错词语后教师给予纠正，但是由于上课时间较短，可能很难一一解释错误原因；另一方面是课后学生的工作和学业繁忙，很少花时间反思错误。

结合访谈，莫桑比克学习者在 L2 词汇学习和汉语作为 L3 的词汇学习中，都倾向于使用认知策略和记忆策略。但是与 L2 词汇学习策略相比，学习者在汉语作为 L3 词汇学习中，对社会策略的使用频率较高，而对查工具书策略和补偿策略的使用频率很低。

四　汉语作为第三语言学习者词汇学习策略选择的个体差异分析

为了解学习者个体因素对汉语作为 L3 的词汇学习策略选择是否有影响，本文将从性别、语言背景、学习时长、汉语水平及学习动机五个方面来考察学习者汉语词汇学习策略的差异。

（一）不同性别学习者学习策略选择情况

在 176 份有效问卷中，受试者男性为 94 人，女性为 82 人，男女比例约为 1.15：1。该比例基本可以反映莫桑比克汉语 L3 学习者的性别分布情况。不同性别学习者汉语词汇学习策略选择情况见表 12。

表 12　不同性别汉语作为第三语言学习者词汇学习策略选择情况

性别		记忆策略	认知策略	补偿策略	元认知策略	情感策略	社会策略
男	平均值	4.2021	4.387	4.0787	4.1596	4.2979	4.2851
	总样本量	94	94	94	94	94	94
	标准差	0.56347	0.50769	0.73101	0.67774	0.60801	0.61346
	中值	4.2857	4.5	4.1	4.1667	4.4	4.4
女	平均值	3.9233	4.0549	3.9732	3.9126	3.8634	4.0439
	总样本量	82	82	82	82	82	82
	标准差	0.80287	0.83774	0.84138	0.85235	0.86802	0.86068
	中值	4.1429	4.25	4.2	4.0833	4	4.3
t		2.63	3.124	0.891	2.106	3.793	2.112
P		0.009	0.002	0.374	0.037	<0.001	0.036

表 12 显示，不同性别的莫桑比克汉语学习者在汉语作为 L3 学习过程中，男性汉语学习者使用 6 类词汇学习策略频率普遍高于女性汉语学习者，男性学习者使用的词汇学习策略频率从高到低依次为：认知策略 > 情感策略 > 社会策略 > 记忆策略 > 元认知策略 > 补偿策略；女性学习者在学习第三语言汉语时使用的词汇学习策略频率从高到低依次为：认知策略 > 社会策略 > 补偿策略 > 记忆策略 > 元认知策略 > 情感策略。

此外，补偿策略的 P 值为 0.374，这表明男性学习者和女性学习者在补偿策略方面无统计学差异。在其他维度上，男性和女性之间存在统计学差异，其中在元认知策略和社会策略中存在差异，在记忆和认知策略中存在显著性差异，在情感策略中存在极显著性差异。

无论男性还是女性，汉语学习者都倾向于运用认知策略来提高词汇学习水平。而情感策略的极显著性差异表明，男性学习者更倾向于通过自我鼓励、控制情绪等方式来克服学习汉语词汇的焦虑，而女性学习者并不善于使用情感策略。

（二）不同学习时长学习者学习策略选择情况

为了解学习时长是否会对词汇学习策略选择产生影响，本文对学习者的学习时长和策略选择情况进行了分析，如表 13 所示。

表 13　不同汉语学习时长的学习者词汇学习策略选择情况

汉语学习时长		记忆策略	认知策略	补偿策略	元认知策略	情感策略	社会策略
<1 年	平均值	4.0076	4.1767	3.896	3.9422	4.1387	4.1733
	总样本量	75	75	75	75	75	75
	标准差	0.74152	0.79618	0.87386	0.80188	0.81139	0.77343
	中值	4.1429	4.375	4	4	4.4	4.4
1–2 年	平均值	4.0743	4.2425	3.948	4.16	4.016	4.12
	总样本量	50	50	50	50	50	50
	标准差	0.71762	0.65534	0.7008	0.74988	0.72601	0.75268
	中值	4.1429	4.5	4	4.3333	4.2	4.2
2–3 年	平均值	4.0621	4.3804	4.2174	3.913	4.1913	4.3304
	总样本量	23	23	23	23	23	23
	标准差	0.54112	0.56089	0.68996	0.77991	0.71218	0.68386
	中值	4.1429	4.625	4.4	4.1667	4.2	4.6
≥3 年	平均值	4.25	4.2411	4.3786	4.2202	4.0429	4.1357
	总样本量	28	28	28	28	28	28
	标准差	0.6548	0.60946	0.62619	0.69397	0.79881	0.73243
	中值	4.2857	4.375	4.6	4.4167	4.1	4.2

本次调查的被试中，汉语学习时长在 1 年以内的有 75 人，占总数的 42.6%；1~2 年的有 50 人，占总数的 28.4%；2~3 年的有 23 人，占总数的 13.1%；大于等于 3 年的有 28 人，占总数的 15.9%。大部分莫桑比克汉语学习者的学习时长在 2 年内，掌握的学习内容只能进行简单的日常交际。

与第二语言词汇学习策略相比，汉语学习者的学习时长不同，使用的词汇学习策略的频率也不完全相同。学习时长在 1 年以内的学习者汉语词汇学习策略频率从高到低依次为：认知策略 > 社会策略 > 情感策略 > 记忆策略 > 元认知策略 > 补偿策略；学习 1 ~ 2 年的学习者汉语词汇学习策略频率从高到低依次为：认知策略 > 元认知策略 > 社会策略 > 记忆策略 > 情感策略 > 补偿策略；学习 2 ~ 3 年的学习者汉语词汇学习策略频率从高到低依次为：认知策略 > 社会策略 > 补偿策略 > 情感策略 > 记忆策略 > 元认知策略；学习 3 年及以上的学习者汉语词汇学习策略频率从高到低依次为：补偿策略 > 记忆策略 > 认知策略 > 元认知策略 > 社会策略 > 情感策略。

从上述数据分析中我们可以得出，学习者汉语词汇学习时间越长，补偿策略的得分越高，意味着使用频率越高。也就是说，与学习第二语言的词汇学习相比，学习者在汉语词汇学习时越来越倾向于运用猜测和迂回的方式。学习时长 3 年以内的汉语学习者倾向于使用认知策略。学习时长 3 年及以上的汉语学习者对直接策略的使用频率高于间接策略，并且将补偿策略作为他们的首选策略，而不再是认知策略。

（三）不同汉语水平学习者学习策略选择情况

根据《国际汉语教学通用课程大纲》对初级、中级、高级语言水平的定义，本次调查将汉语作为第三语言学习者的汉语水平选项分为初级、中级和高级，并在选项后对三个级别进行解释说明，结合 HSK 考试的通过情况供受试者选择。

本次调查被试中，汉语水平处于初级的有 121 人，占总数的 68.8%；中级的有 50 人，占总数的 28.4%；高级的有 5 人，占总数的 2.8%。高级人数较少的原因主要有两方面：一是莫桑比克的汉语教学历史较短，而且多数社会学员仅将汉语学习作为爱好，希望掌握日常交际用语即可，没有达到中高级水平的需求；二是学习汉语的费用较高，有的学习者无力支付学费、考费，无法参加课程学习和 HSK 考试。

由表 14 可知，不同汉语水平的学习者，使用词汇学习策略的频率也完全不同。初级水平学习者词汇学习策略使用频率从高到低依次为：认知策略 > 社会策略 > 情感策略 > 记忆策略 > 元认知策略 > 补偿策略；

中级水平学习者词汇学习策略使用频率从高到低依次为：认知策略＞社会策略＞元认知策略＞补偿策略＞记忆策略＞情感策略；高级水平学习者词汇学习策略使用频率从高到低依次为：认知策略＞元认知策略＞补偿策略＞记忆策略＞社会策略＞情感策略。

表14　不同汉语水平的学习者词汇学习策略选择情况

汉语水平		记忆策略	认知策略	补偿策略	元认知策略	情感策略	社会策略
初级	平均值	4.0177	4.1746	3.9306	3.9435	4.081	4.1306
	总样本量	121	121	121	121	121	121
	标准差	0.72856	0.74503	0.82733	0.81325	0.80149	0.79486
	中值	4.1429	4.375	4	4	4.2	4.4
中级	平均值	4.1914	4.325	4.248	4.2633	4.168	4.276
	总样本量	50	50	50	50	50	50
	标准差	0.60788	0.58521	0.64341	0.65039	0.67776	0.62843
	中值	4.2857	4.5	4.4	4.5	4.2	4.4
高级	平均值	4.2	4.7	4.24	4.3	3.72	4.16
	总样本量	5	5	5	5	5	5
	标准差	0.73955	0.28777	0.57271	0.21731	0.87864	0.63875
	中值	4.5714	4.75	4.2	4.3333	3.8	4

总体来看，与初、中级水平的汉语学习者相比，高级水平学习者在学习过程中直接策略使用频率更高。学习者汉语水平越高，认知和记忆策略使用频率越高，补偿策略也基本呈现该趋势。这一特点与在学习时长中所得出的结论是相吻合的。

（四）不同动机学习者学习策略选择情况

学习动机的选择分为内部和外部动机。内部动机是对学习活动本身的一种认知，学习活动本身就是学习者所追求的目标，选项包括：对汉语感兴趣和对中国文化感兴趣。外部动机是指外在的因素或者外在的压力引起的，与学习活动本身无关，选项包括：有朋友是说汉语的、对未来的工作有帮助、为了去中国旅行。笔者通过问卷数据的整理，发现在14 个其他选项中，内部动机的有 14 人，外部动机有 4 人。最终统计得出内部动机稍高于外部动机，选择内部动机的有 154 人，选择外部动机的有140 人。

表 15 呈现了不同学习动机的学习者对汉语词汇学习策略选择情况：以对未来工作有帮助为动机的汉语学习者在学习过程中喜欢使用认知策略和社会策略，这类学习者在课堂中更积极活跃，也喜欢与教师交流。将"喜欢汉语及中国文化"作为学习动机的受试者也占了很大比重，内部动机比任何一项外部动机都能促进学习者对汉语词汇的学习兴趣。与第二语言词汇学习策略相比，他们学习汉语词汇时同样倾向使用认知策略和社会策略，对补偿策略和元认知策略的使用少一些。

表 15　不同学习动机的学习者词汇学习策略选择情况

学习动机		记忆策略	认知策略	补偿策略	元认知策略	情感策略	社会策略
对汉语感兴趣	平均值	4.0161	4.1761	3.9831	3.946	4.0225	4.1577
	总样本量	71	71	71	71	71	71
	标准差	0.76572	0.7611	0.75347	0.80167	0.78307	0.75055
	中值	4.1429	4.5	4	4	4.2	4.4
对中国文化感兴趣	平均值	4.1201	4.3025	4.0145	4.0459	4.2551	4.1855
	总样本量	69	69	69	69	69	69
	标准差	0.65218	0.58411	0.66891	0.75995	0.68504	0.69563
	中值	4.1429	4.375	4	4.1667	4.4	4.4
有朋友是说汉语的	平均值	4.2	4.5	3.92	4.1	4.32	4.24
	总样本量	5	5	5	5	5	5
	标准差	0.73262	0.44194	0.71554	0.88663	0.91214	0.60663
	中值	4.2857	4.5	4	4.1667	4.6	4.6
对未来的工作有帮助	平均值	4.0455	4.2489	4.0273	4.1061	4.1218	4.2327
	总样本量	110	110	110	110	110	110
	标准差	0.73507	0.70273	0.85176	0.79874	0.76917	0.69151
	中值	4.2143	4.375	4.2	4.3333	4.2	4.4

学习动机		记忆策略	认知策略	补偿策略	元认知策略	情感策略	社会策略
为了去中国旅行	平均值	4.2597	4.3295	4.4	4.1818	4.1818	4.5455
	总样本量	11	11	11	11	11	11
	标准差	0.61218	0.42306	0.65115	0.70496	0.66003	0.50668
	中值	4.2857	4.375	4.6	4.3333	4	4.8
其他	平均值	4.2143	4.3333	3.9889	4.2037	4.0889	4.0778
	总样本量	18	18	18	18	18	18
	标准差	0.4655	0.55406	0.77451	0.60649	0.87103	0.78856
	中值	4.2143	4.4375	4	4.3333	4.2	4.5

五　结语

　　莫桑比克的语言具有显著多样性。莫桑比克学习者的第一语言大都为各个民族的本族语，第二语言通常为葡萄牙语或英语，汉语通常是莫桑比克学习者习得的 L3，因此将莫桑比克汉语学习者作为调查对象具有一定的代表性。

　　与 L2 词汇学习策略相比，莫桑比克汉语学习者的词汇学习策略整体上属于高频率使用策略类型；学习者在汉语词汇学习过程中使用最多的学习策略是认知策略，接下来依次是社会策略、情感策略、记忆策略、元认知策略和补偿策略。个人因素对学习者的汉语词汇学习策略有影响，不同性别、不同汉语学习时长、不同汉语水平和不同学习动机对 L3 汉语词汇策略的选择不同。学习者在 L2 词汇学习和汉语作为 L3 词汇学习中都倾向于使用认知策略和记忆策略，但与 L2 词汇学习策略相比，汉语词汇学习过程中学习者对社会策略的使用频率较高，而对查工具书策略和补偿策略的使用频率很低。L2 词汇学习对汉语词汇学习策略的影响分为积极影响和消极影响两个方面，积极影响多于消极影响。大多数学习者的 L2 词汇学习可以有效帮助汉语的词汇学习，因此学习过程中非常需要词汇学习策略的引导。但是在传统的语言教学过程中，教师对汉语词汇学习策略的引导主要体现在记忆和认知策略上，对其他策略的引导较少。

基于上述分析，针对教师的汉语词汇教学提出以下建议。

1. 教授有效策略，进行监测反馈

积极引导学生使用有效的汉语词汇学习策略，尤其运用情感策略、元认知策略、补偿策略和社会策略学习汉语词汇。

2. 了解多语背景，培养多语能力

汉语教师应了解学生的多语学习背景和水平，发挥 L2 词汇学习策略的积极影响，避免 L2 词汇学习策略带来的消极影响，提高学生汉语词汇学习效率。

3. 设计教学活动，创造轻松氛围

受访者表示学习 L2 时，由于英语词汇和葡萄牙语词汇比较相似，可以运用补偿策略猜测词义，但是在汉语学习过程中，很难做到这一点。据此，汉语教师可以通过设计汉字游戏的方式教授偏旁部首，让学生学会猜测词义。从学习者的词汇学习特点来看，他们喜欢通过中文歌曲、中文视频、找中国朋友聊天等相对轻松的方法来学习汉语词汇，教师需要设计丰富的词汇活动，尽可能在课堂中营造真实的交际氛围和实际场景，激发学习者的学习兴趣。汉语教师还可以剪辑一些有趣的影视片段，帮助学生在具体的语境中学习汉语词汇。只有教师精心设计多样的词汇课堂活动，创造轻松愉快的教学课堂，学习者才能真正融入课堂，达到好的词汇教学效果。

A study on vocabulary learning strategies of learners of Chinese as a third language in Mozambique

Zhou Lingmei，*Sun Chunying*

（*College of International Culture and Education*，*Zhejiang Normal University*）

Abstract：When learners with multilingual backgrounds learn Chinese as a third language, they often regard both the second language and the third language as foreign languages, and do not realize that the vocabulary strategies of learning the two languages are different, and teachers may also ignore the differences between the two. Differences, habitually teach second language vocabulary learning strategies to students, which is detrimental to learners' learning and teachers' teaching. Therefore, learners and teachers should pay attention to the positive impact of second language vocabulary learning strategies, and apply them in the learning and teaching of Chinese as a third language vocabulary in a targeted manner. Through a questionnaire survey on learners of Chinese as a third language in Mozambique, this paper puts forward specific suggestions on vocabulary learning strategies for Chinese trilinguals, so as to promote Chinese as a third language learners to better use vocabulary learning strategies, which will help Chinese teachers. Vocabulary teaching provides more guided advice.

Key words: Mozambique; Chinese as a Third Language; Vocabulary Learning Strategies

参考文献

[1] 常辉.《第三语言习得与普遍语法》评述 [J]. 外语与外语教学, 2011 (04): 95 – 97.

[2] 陈黎. 美国留学生汉语词汇学习策略调查与分析 [D]. 复旦大学硕士学位论文, 2011.

[3] 江新. 汉语作为第二语言学习策略初探 [J]. 语言教学与研究, 2000 (01): 61 – 68.

[4] 刘珣. 对外汉语教育学引论 [M]. 北京: 北京语言大学出版社, 2000.

[5] 王建勤. 汉语作为第二语言学习者习得过程研究评述 [J]. 北京师范大学学报 (社会科学版), 2006 (03): 121 ~ 125.

[6] 吴勇毅. 汉语"学习策略"的描述性研究与介入性研究 [J]. 世界汉语教学, 2001 (04): 69 – 74.

[7] 袁庆玲. 三语习得国内外研究综述 [J]. 广东外语外贸大学学报, 2010, 21 (06): 48 – 51.

［8］曾丽. 苗族学生在三语习得中元语言意识的发展 ［D］. 西南大学博士学位论文，2010.

［9］曾丽. 儿童三语习得中元语言意识的发展对我国少数民族外语教育政策制定的启示 ［J］. 外语教学与研究，2011，43（05）：748 – 755 + 801.

［10］朱效惠. 三语习得中语言迁移研究及其对双外语专业教学的启示 ［J］. 广东外语外贸大学学报，2008（05）：109 – 112.

［11］朱效惠. 第三语言习得研究新视角——《第三语言习得与普遍语法》述介 ［J］. 中国外语教育，2011，4（04）：71 – 75 + 78.

［12］Ellis R. The study of second language acquisition ［M］. Oxford University Press，1994.

［13］Fouser R J. Too close for comfort? Sociolinguistic transfer from Japanese into Korean as an L3 ［M］. Cross-linguistic influence in third language acquisition. Multilingual Matters，2001：149 – 169.

［14］Hammarberg，B. Roles of L1 and L2 in L3 production and acquisition ［J］. In：J. Cenoz，B. Hufeisen U. Jesser（eds.），Cross-linguistic Influence in Third Language Acquisition（Psychological Perspectives），Multilingual matters，2001. 21 – 41.

［15］Herdina P，Jessner U. The dynamics of third language acquisition ［M］. English in Europe：The acquisition of a third language，2000.

［16］Jessner U. Metalinguistic awareness in multilinguals：Cognitive aspects of third language learning ［J］. Language awareness，1999，8（3 – 4）：201 – 209.

［17］Jordà M P S. Third language learners：Pragmatic production and awareness ［M］. Multilingual Matters，2005.

兴起与嬗变：新中国成立前对外文化教材的历史回顾

于小植[*]

摘　要　中国文化历史悠久，对周边国家乃至世界各国的文化都产生了广泛而深远的影响，随着全球化进程的加深和中国的发展，中国文化的影响还在进一步增强。外国人学习中国文化的历史可以追溯至两晋时期，当时中国古代典籍作为教材被外国人使用，担负着文化教学的功能，构建着周边国家对于中国文化的最初认知。按照时间线索，新中国成立以前对外文化教材的发展脉络可以分为两晋至南北朝、隋唐时期、宋元时期、明清时期、清末至民国五个时期。五个时期的发展既有传承，又各具特点。对对外文化教材历史的把握能够为我们当下的对外文化教材编写实践提供有益的借鉴。

关键词　对外文化教材；古代典籍；文化教学；文化训诫；文化交际

---

*　于小植，北京语言大学文学院教授，博士生导师，研究方向：中国文化传播、国际中文教育。

对外文化教材是中国文化传播的载体，严格意义上的对外文化教材指的是为外国汉语学习者而编写的以中国文化为主要内容的教材。这类教材编写的目的是让外国汉语学习者了解中国文化，提高他们的跨文化交际能力，帮助他们消除沟通中的文化障碍。20世纪80年代，国际中文教育领域提出了"汉语作为第二语言的教学要与介绍中华文化相结合"的理念，并开始编写真正意义上的中国文化教材，40余年来，成果丰硕。但历史上是否曾出现过专门为外国人而编写的中国文化教材？历史上有哪些典籍承担过文化教材的功能？中国文化在历史上对哪些国家的影响最大？诸多问题需要我们回到历史现场寻找答案。

一　两晋至南北朝时期的中国文化教材

朝鲜半岛是受中国文化影响最早的地区之一。早在战国末年就有中国人经陆路或海路进入朝鲜半岛，古代中国的许多金属工具、丝绸、漆器都是在这一时期传入了朝鲜，而汉字、儒学等则通过中国古代典籍传入了朝鲜。钱振东在《书厄述要》中讲道："文化之于根据，犹如精神之于形骸。典籍者，又文化所赖以传焉者也。"[1]372年，这一地域正式设立儒学的最高学府"太学"，所教授的内容主要是五经、三史。[2]这里的"五经"即指《诗》《书》《易》《礼》《春秋》，而"三史"最初指《史记》《汉书》和东汉刘珍等撰写的《东汉观记》这三本史书，后来《东汉观记》被《后汉书》取代。此外，据《旧唐书》记载，除"太学"外，当时设立的学府还有"扃堂"。"扃堂"教授的内容主要为"五经"、《史记》、《汉书》、《后汉书》、《三国志》、《晋阳秋》、《玉篇》、《字统》、《字林》、《文选》等，[3]可见在太学和扃堂，教授的书籍都以中国的经史子集为主，和当时中国国内的私学、官学所教授的书籍基本一致。

日本也是受到中国文化影响较早的国家。应神十六年，朝鲜百济的学者王仁就将《论语》《千字文》等典籍带到了日本，中国的汉字和文化由此正式传入日本。此外，百济还于513年、516年、553年先后派了段杨尔、汉高安茂等数位五经博士前往日本，担任教授之职，教授五经之学。[4]由此在日本上层贵族间形成了学习汉语和中国文化的风气，并为后来中国文化进一步影响日本奠定了基础。

二 隋唐时期的中国文化教材

隋唐时期是中国历史上文化大繁盛的时期，中国国力的强盛促使周边国家大量派遣使者来中国学习，中国文化的影响力几乎辐射至整个亚洲。

隋王朝虽然只存在了短短三十七年，但已经开始接受前来学习的外国使者。600~614年，日本派遣了四批遣隋使来中国学习；及至唐代，日本更是向唐朝派出了十九批遣唐使来中国学习中国文化。遣唐使主要有两类：一类是僧人，僧人来中国的主要目的是拜师学经；另一类是留学生，他们主要是在国子监学习中国的儒家文化。《旧唐书》记载："开元初，又遣使来朝，因请儒士受经。诏四门助教赵玄默就鸿护寺教之。"[5]日本的遣唐使在中国学习儒学后，又将儒学典籍带回日本，儒学典籍是当时日本上层贵族的必读书目。

701年日本颁布的《大宝律令》中的第二十二条"学令"是："凡博士、助教，皆取明经堪为师者"，[6]明确规定博士、助教都要教授儒家经典。对于经书，日本把《礼记》《左传》定为大经，《毛诗》《周礼》《仪礼》定为中经，《周易》《尚书》定为小经，并把《孝经》和《论语》也纳入了必须教授的范畴。第十一次遣唐副使吉备真备在唐朝学习的时间长达十七年，在他的首倡之下，日本开始祭奠孔子，并且他还首次在东宫讲授《礼记》《汉书》等典籍。[7]日本学者石田一良认为：中国古代的儒教，是"作为日本氏族国家成立与维持的意识形态而被接受"的。[8]

与此同时，儒家文化也在这一时期进一步向朝鲜传播。668年，新罗统一朝鲜。新罗神文王二年，在首都庆州设立国学，景德王六年改为大学监，主要教授中国语言文化，所使用的书目为《论语》《尚书》

《周易》《礼记》《孝经》《左氏春秋》《毛诗》等儒学经典。隋代，除却儒家典籍，老子的《道德经》传到了日本。

三　宋元时期的中国文化教材

两宋时期，来中国学习的外国人数与唐代相比，有所下降，但出现了中国古代朝廷向国外赠书的高潮。据不全统计，宋王朝曾赠给高丽《太平御览》《文苑英华》《九经》等书；[9]赠给越南《大藏经》六次。

元朝建立后，元朝统治者重视汉文化，所以周边国家也并未因元朝的统治者不通汉语而中断派遣使者。这一时期，来中国的外国使者除了学习《论语》《列子》《墨子》等诸子学说外，还学习《章句集注》《山海经》《神仙传》《先贤传》等书目。[12]元朝时期，来游学的日本僧人和儒生将大量的中国典籍带回了日本，加速了中国文化在日本的传播。日本幕府的武士和公卿贵族纷纷通过中国典籍学习为人、为臣、为君之道。在日本，曾作为教材使用的中国古籍有：《南北史抄》《扬子法言》《孝子传》《先贤传》《帝范》《臣轨》等。[13]

四　明清时期的中国文化教材

《明心宝鉴》围绕忠信礼义、廉耻孝悌等核心价值观念，收录了中国的先圣前贤有关修身养德、安身立命、齐家治国的论述，上下二卷共20篇，[14]由范立本整理，明清时期作为儿童蒙学书使用。1590年前后，天主教教士高姆羡将其译成西班牙文并献给王子斐利三世，使得《明心宝鉴》成为第一本被译介到西方的中国书。后来这本书又流传到韩国、日本、越南等国，被这些国家作为青少年学习的蒙书使用。

明清时期，朝鲜设立了"司译院"，专门教授汉语和中国文化。"司译院"教授的教材有两类，一类是《小学》《洪武正韵》等典籍；另一类是专门为朝鲜人学习汉语和中国文化而编写的教材，其中最有代表性的是《老乞大》、《朴通事》和《训世评话》三部。《老乞大》一书设定了六个角色，两个朝鲜人和四个中国人，他们结伴进京，根据一路上遇到的各种事情展开对话，讨论中国的风土习俗，也对中朝两国的风俗文化进行比较。《朴通事》则以春游、治病、购物、婚嫁、回乡等具体场景为话题，编写了符合具体交际场景的对话，让学习者在学习口语的过程中，也对中国的交际文化有所了解。《老乞大》和《朴通事》是两本口语教材。

跨文化交际行动者的培养既是一个即将呈现的行动目标，又是一种政策视角的转换。从中国文化对外传播的历史看，这样的意识早有萌芽。元代之后出现的《老乞大》和《朴通事》及其谚解被奉为对外汉语教育史的历史性转折点。这样的转折可能不仅仅表现在从书面语教育转向口语教学，还更多表现为对于文化传播范式变化的深刻认知，以及由此形成的教育手段的变化。

唐代至《老乞大》和《朴通事》出现以前的时期，对于来华外国人实施的汉语和中国文化教育以"四书五经"为教育媒介，其根本诉求是进行直接的文化训诫，而非交际能力的培养。向来华外国人直接植入"四书五经"所浓缩的中国传统文化的精髓，是直接以中华文化培养异域人才，教授"四书五经"，反映了以中华文化为主体、面向来华外国人进行文化整合的深层次教育驱动。在这一教育过程中出现的教师，实质上不是语言教师，而是文化训诫师。《老乞大》和《朴通事》的突破点在于：不对来华外国人进行文化训诫，而是将其看作异域的文化共同体成员，致力于把其培养成兼具中华文化经验和其本国文化经验的跨文化交际人才。这两本书中围绕生意、风俗、婚丧嫁娶、治病购物而再现中国当时的日常生活场景，通过虚拟的中国人和朝鲜人之间的会话沟通，指向了养成语言交际能力的教育目标。

《训世评话》是一本同时兼顾口语和书面语的教材，带有教化和劝诫意味，包含忠、孝、节、仁、义、礼、智、信等儒家思想。"司译院"之外，"朝鲜时代地方'乡学'和民间'书院'、'私塾'等也大量使用来自中国的童蒙课本和经典汉籍作为教科书，如《三字经》《百家姓》《千字文》《四书》《五经》等。"[15]

　　明清时期，日本出于与中国进行贸易和外交的需求，在政府中设立了"唐通事"一职，汉语开始正式作为一门外语被学习。六舟恒广在《日本中国语教育史研究》中记载，"最先学习的教科书有《三字经》《大学》《论语》《孟子》《诗经》等经典，然后是学习二字话、三字及四字以上的长短话等，然后才开始学有集中内容的《养儿子》《二才子》等中级读物以及《今古奇观》《三国志》《西厢记》《水济传》等更高一级的口语小说"。[16]明治时期，日本编写了一些汉语教材，最具代表性的是《官话指南》《谈论新篇》《官话急就篇》三部，教材内容包括中国的社会民情、习俗文化、经济贸易、政治外交等方面。

　　总的来看，两晋至明清时期，传播中国语言和文化的教材大致可以分为四类：第一类是四书五经、诸子学说等思想类典籍；第二类是历史类典籍；第三类是辞书和韵书；第四类是神话传说和文学作品（见表1）。

表1　外国人使用的中国文化教材统计（两晋至明清时期）

类别	书名	作者/编纂者/整理者
思想类	《礼记》	孔子及其弟子 戴圣整理
	《周礼》	不详
	《仪礼》	不详
	《周易》	孔子
	《大学》	曾子（相传）
	《论语》	孔子弟子
	《孟子》	孟子
	《中庸》	子思（相传）
	《孝经》	孔子及其弟子
	《书经》	孔子编纂
	《易经》	孔子
	《道德经》	老子
	《小学》	朱熹

续表

类别	书名	作者/编纂者/整理者
思想类	《荀子》	荀子
	《墨子》	墨翟
	《列子》	列御寇
	《淮南子》	刘安
	《孝子传》	刘向
	《先贤传》	不详
	《帝范》	李世民
	《臣轨》	武则天
	《帝王略论》	虞世南
	《明心宝鉴》	范立本
历史类	《左氏春秋传》	左丘明
	《春秋公羊传》	公羊高
	《谷梁传》	谷梁赤
	《史记》	司马迁
	《汉书》	班固
	《后汉书》	范晔
	《晋书》	房玄龄等
	《太平广记》	李昉、李穆、徐铉、宋白等
	《太平御览》	李昉、徐铉
	《南北史抄》	不详
	《唐书》	刘昫、张昭远
	《资治通鉴》	司马光
辞书和韵书	《说文解字》	许慎
	《尔雅》	不详
	《切韵》	陆法言
	《洪武正韵》	宋濂
	《千字文》	周兴嗣

续表

类别	书名	作者/编纂者/整理者
辞书和韵书	《康熙字典》	张玉书
	《三字经》	王应麟
	《百家姓》	不详
神话传说和文学作品	《毛诗》	子夏、孟子等
	《文苑英华》	李昉、徐铉
	《章句集注》	朱熹
	《诗经》	不详
	《山海经》	不详
	《三国志》	陈寿
	《西厢记》	王实甫
	《水浒传》	施耐庵

两晋至明清时期，在外国人使用的中国文化教材中，第一类思想类典籍占据着主流地位。这些典籍是中国文化的精粹，也是外国人最想了解的内容。遣隋使、遣唐使学习了中国的典籍之后，积极将中国文化传播给其本国的人民，使中国的儒家文化、道家思想在周边国家产生了巨大的影响力。第二类历史类典籍具有以史为鉴可以知兴替的意味，发挥了与思想类典籍相近的作用。第三类韵书和辞书是外国人学习汉语发音、汉字、词汇和文化知识的工具书。第四类中文学类书籍是最早传播到国外的中国的文学作品。

这一时期，中国文化的海外传播主要以精神和思想层面的文化内容为主，教材的内容主要包括：仁、义、礼、智、信等中国的社会价值观念；中庸、学而优则仕等人生价值观念；君君臣臣父父子子等伦理价值观念；天人合一、物我两忘等自然观念。另外，教材的内容也包含了中国的地理历史、社会制度、礼制法典、节庆习俗等。外国人对中国文化采取了全面接受、全情拥抱式的积极态度。

五 清末至民国的中国文化教材

清代，中国国门被迫打开，来华的外国人大幅增加，出于交流需要，出现了专门教授汉语的语言学院。这一时期，有汉语学习需求的主要是传教士、海关洋员、来华外交官和商人。因此，此期间的对外教材强调实用性和交际性。汉字教材、语法教材、语音教材、词汇书和字典是这个时期教材的主流。1856 年，针对英国来华学习翻译专业的学生，开设的课程只包含声调练习、写汉字、阅读三项内容，并不设置文化课程。但是，这一时期还是出现了一批与中国文化相关的教材（见表 2）。

表 2 清末至新中国成立前的汉语学习用书

年代	书名	编者
1808 年	《华英字典》	（英）马礼逊
1817 年	《中国概况》	（英）马礼逊
1822 年	《中文小说》	（英）戴维斯
1898 年	《北京风土编》	张廷彦
1901 年	《北京官话·士商丛谈便览》（上、下卷）	（日）文求堂编辑部、金国璞
1905 年	《华语教科书·商店问答》 《华语教科书·商贾问答》	孟繁英
1906 年	《北京官话——清国民俗土产问答》	（日）东京文求堂编辑部
1906 年	《北京官话——清国风俗会话篇》	冯世杰、（日）野村幸太郎
1907 年	《官话应酬新篇》	（日）渡俊治
1924 年	《北京风俗问答》	（日）加藤镰三郎
1925 年	《官话萃编》	朱荫成、述功
1926 年	《官话谈论新编》	金国璞
1939 年	《北京官话俗谚集解》	（日）铃江万太郎、下永宪次
1948 年	《国语入门》	赵元任

这时期出版的汉语学习用书共 15 本，其中中国人编写 5 本，中外

合作编写 1 本，外国人编写 9 本。教材的编写体例大多将中国的风俗民情融入对话之中，如 1925 年朱荫成、述功编纂的《官话萃编》以对话形式介绍中国的礼仪礼节、礼貌用语等交际文化；1926 年金国璞编写的《官话谈论新编》以对话的形式讲述当时中国的政治经济情况。1948 年赵元任编写的《国语入门》按题材划分，是这个时期影响较大的教材。《国语入门》的课文选篇包括日常生活 8 篇、人物事迹 3 篇、教育学习 3 篇、中国国情 3 篇、社会习俗 1 篇、故事 3 篇、地理常识 2 篇、哲理思辨 1 篇。

与中国人编写的书目相比，这时期外国人编写的汉语学习用书反而相对较多。1807 年，英国神父马礼逊来华传教。1808 年，他编纂了世界第一部英汉汉英双语字典《英华字典》，该字典的特殊之处在于它不仅把汉字译成英语并加以解释说明，还将与汉字相关的历史、政治、风俗、礼仪、思想等文化内容一并编入字典，且有意识地进行了中西文化的对比，因此这本字典被当时的许多学习者作为教材使用。马礼逊认为文化对于语言学习具有重要作用，因此在《英华字典》之后，他又编写了《中国概况》一书，内容包括中国的历史、地理、政治、宗教、节气、节日等，范围广泛，是目前可查的第一本中国概况类教材。

为了促进汉语教学的发展，马礼逊还亲自创办了专门的汉语培训机构——马六甲英华书院。书院使用的教材包括：马礼逊编著的《中文会话及凡例》、由米怜编著的《幼学浅解问答》，以及《明心宝鉴》《论语》《小学》《书经》等。后来，马礼逊之子马儒翰将《汉宫秋》《好逑传》《赵氏孤儿》《玉娇梨》等元杂剧翻译成英文以便学习者对照学习。

晚清至民国，日本人编写的教材有：《官话应酬新篇》《北京风俗问答》《北京官话俗谚集解》《现今支那语言风俗自修入门》等。这些教材基本上以介绍风俗景物和俗语谚语为主。如《北京风俗问答》主要介绍的是北京的风土人情和著名景点，有助于学习者了解北京乃至华北地区的风俗习惯。《北京官话俗谚集解》收录了北京官话中的俗语、谚语，有助于学习者了解汉语的惯用表达和固定表述。

总体来看，清末至新中国成立前夕，外国编写者编写的教材数量更多，文化意识更加明确，他们编写的教材涵盖了交际文化、社交礼仪、风俗人情、社会概况等方方面面，有助于学习者了解中国人的价值观念、生活习俗和交往习惯。从教材的编排角度看，马礼逊的《中国概况》体系最完整，其他的教材基本上是为了解决学习者日常生活遇到的交际问题而编排的，内容相对零散。

六　结语

梳理我国对外文化教材的发展历程对我们当下文化教材的编写具有借鉴和启发意义。在中国语言文化海外传播的初期，没有单纯的语言教材，语言传播和文化传播几乎是齐头并进的，反观近年来国际中文教育事业的发展历程，我们发现文化教学的地位偏低，汉语的语言教学一直占据压倒性的优势地位，在未来的教学和教材编写过程中，如何平衡语言教学与文化教学的关系问题，值得我们重视和重新思考。在新的文化教材的编写过程中，或许我们应该增大精神层面文化的比重，原因在于文化理解和文化认同要建构在对于精神层面文化了解的基础上才能实现。

Rise andEvolution: a historical review of TCFL culture textbooksbefore the founding of the People's Republic of China

Yu Xiaozhi

(*School of Literature, Beijing Language and Culture University*)

Abstract: Chinese culture has a long history and has exerted extensive and profound influence on the cultures of neighboring countries and even other countries in the world. With the deepening of globalization and the development of China, the influence of Chinese culture is still further enhanced. The history of foreigners learning Chinese culture can be traced back to the Jin Dynasty, when ancient Chinese classics were used by foreigners as teaching materials, shouldering the function of cultural teaching and constructing the initial cognition of Chinese culture in neighboring countries. According to the time clue, before the founding of the People's Republic of China, the development of foreign cultural textbooks can be divided into five periods: Jin Dynasty to Northern and Southern Dynasties, Sui and Tang Dynasties, Song and Yuan Dynasties, Ming and Qing Dynasties, and the late Qing Dynasty to the founding of the People's Republic of China. The development of the five periods has both inheritance and characteristics. Grasping the history of foreign cultural textbooks can provide useful reference for our current practice of compiling foreign cultural textbooks.

Key words: Foreign Cultural Textbooks; Ancient Books; Culture Teaching; Cultural Admonition; Cultural Communication

参考文献：

[1] 钱振东. 书厄述要 [J], 坦途, 1927 (4): 68 – 71.

[2] 武斌. 中华文化国际传播史·第一卷 [M], 西安: 陕西人民出版社, 1998: 140 – 141, 127.

[3] 刘昫. 旧唐书 [M]. 北京: 中华书局, 1975: 5324 – 5325.

[4] 甘茵. 日本明治维新以前的外语学习状况研究 [J], 新丝路 (下旬), 2016 (1): 119 + 102.

[5] 刘昫: 旧唐书 [M], 北京: 中华书局, 1975: 5341.

[6] 参见杨焕英. 孔子思想在国外的传播与影响 [M], 北京: 教育科学出版社, 1987: 95.

[7] 参见李寅生. 论唐代文化对日本的影响 [M], 成都: 巴蜀书社, 2001: 167.

[8] 石田一良. 日本文化——历史的展开与特征 [M], 上海: 上海外语教育出版社, 1989: 315.

[9] 脱脱等. 宋史 [M], 北京: 中华书局, 1977: 14042.

［10］文莹撰，郑世刚、杨立扬点校．玉壶清话［M］，北京：中华书局，1984：66.

［11］刘玉珺．中越古代书籍交流考述［J］，文献，2004：85－98.

［12］董明．古代汉语汉字对外传播史［M］，北京：中国大百科全书出版社，2002：120.

［13］张声振．中日关系史·卷一［M］，长春：吉林文史出版社，1986：284－286.

［14］李朝全．明心宝鉴：流传了600多年的修身书［J］，博览群书，2014（5）：29.

［15］刘春兰．朝鲜时代汉语教科书研究综述［J］，汉语学习，2011（2）：98.

［16］六舟恒广．日本中国语教育史研究［M］，北京：北京语言大学出版社，1992：272－273.

混合式教学模式在对外汉语中级写作教学中的实践应用[*]

张　瀛　王胜男^{**}

摘　要　中级阶段的对外汉语写作课因其对留学生的语言综合运用能力要求高，导致学生有一定的"畏难"情绪，学习兴趣不足。而混合式教学模式将传统教学与网络化教学的优势结合起来，通过优化组合线上线下两种教学资源，合理分配学生自主学习和合作学习的时间，能够有效增加课堂活动时间，丰富活动形式，为学生提供学习支撑，增强学习信心和动力。文章探索了对外汉语写作教学中线上、线下混合式教学的实施流程，通过教学实践和效果反馈，证明其可行性和有效性。

关键词　混合式教学模式；对外汉语教学；写作课

---

* 基金项目：浙江师范大学校级教学改革重点项目"翻转模式下的对外汉语综合课教学设计研究"。

** 张瀛，浙江师范大学国际文化与教育学院副教授，研究方向：汉语国际教育；王胜男，浙江省杭州市西湖区文理小学教师。

一 引言

信息时代教育技术的发展推动了新型教学模式的研究与应用。在这种背景下，混合式教学逐渐运用于高校的教学实践中。何克抗认为"所谓 Blending Learning 就是要把传统学习方式的优势和 E-Learning（即数字化或网络化学习）的优势结合起来；也就是说，既要发挥教师引导、启发、监控教学过程的主导作用，又要充分体现学生作为学习过程主体的主动性、积极性与创造性"。[1]这一定义既阐明了混合式学习中"混合"的最基本内涵，又体现了教学过程中两大教学要素的地位。混合式教学模式在培养学习者基本技能、信息素养、思维能力等方面表现出了巨大优势。[2]

中级阶段的对外汉语写作课因其对留学生的语言综合运用能力要求高，导致学生有一定的"畏难"情绪，学习兴趣不足。从写作课的现状出发，我们需要对教学模式进行新的探索与尝试。怎样将混合式教学模式应用到写作教学中，通过构建线上、线下两个教学平台，优化课堂练习和技能训练的设计，增加写作课的趣味性，帮助学生解决写作过程中遇到的困难，使学生由"被动地写"转为"主动地参与活动"，从而提高学生汉语写作的学习效果，是值得研究和实践的问题。鉴于此，笔者在对外汉语中级阶段的写作课中开展了混合式教学模式的实践，以期探索这种教学组织形式的可行性和有效性。

本文论述的混合式教学模式希望可以结合传统课堂和在线学习的优势，优化组合多种教学及学习资源、学习形式、教学理念和课堂活动，激发学生自主学习的热情，发挥教师监督引导等作用，始终注重学生的自主性、创造性，最终实现学习效率提升和教学效果的最优化。

二 混合式教学模式应用于写作课的必要性

（一）学生写作课学习中存在的主要问题

为全面了解目前学生在写作课学习过程中的现状和问题，笔者对浙江师范大学中级语言水平的外国留学生进行了问卷调查。共发放问卷120份，收回110份，其中有效问卷100份。问卷分析结果如下。

学习心理方面。首先，部分学生对写作课的重要性认识不足，课堂学习积极性不高，有厌烦情绪。其次，受母语思维影响，学生的汉语思维能力较弱，常常将母语的表达习惯和思维方式不自觉地带入汉语学习中，甚至将母语直译为汉语，进而造成语法和语用偏误。[3][4]此外，部分学生汉语写作的学习动机不强，对自身汉语写作水平要求不高，尚未形成良好的写作习惯，如写后修改、自主练习等。部分学生对汉语写作有一定的排斥心理，再加上受词汇量的制约，使他们在写前就产生了一定的焦虑，对写作缺乏信心。

汉语表达方面。一方面，语言偏误较多，主要体现在词法、句法掌握不熟练，词汇使用不当，病句类型多，篇章能力不足，写作思路不开阔，作文框架难搭建[4]；另一方面，语用能力不足，口语及书面语语体选择不当，口语语体严重；在书写方面，错字别字较多，形近字、音近字辨别不清，部分学生存在汉字书写困难。[4][5]

学生的学习习惯方面。部分学生受畏难情绪影响，学习自信心不足且练习主动性较弱，除了课后作业，部分学生较少在课余时间用汉语写作，大部分学生仍然习惯用母语写作。

（二）引入混合式教学模式的必要性

从前文调查分析中可以看出，部分学生对写作缺乏兴趣及动力，存在畏难情绪，原因主要是没有做好写作素材积累、写作提纲构建、词语及句式的积累等方面的准备。混合式教学模式在阶段性写作思想的指导下，通过线上阶段借助微课的基础知识和写作方法的学习、课中阶段的合作学习以及教师的充分引导来缓解学生的畏难和焦虑情绪，使学生在比较放松的状态中写作。同时，混合式教学重视课堂活动和技能练习的充分性，将基础知识的展示和学习放在课前，课上时间则通过语段练习和小组讨论等多种练习方式引导学生进行深度学习和表达训练，有利于为学生提供写作支撑，提高学生的写作积极性和写作质量。

最后，从学生的问卷调查中可以看出，部分学生没有养成良好的写作习惯，不修改或只修改一次就上交。针对学生的这些写作问题，混合式教学模式注重课中的交流讨论和写后的小组评改，引导学生形成良好的汉语写作习惯。

三　中级汉语写作课混合式教学的实施步骤

（一）线上自主学习阶段（2课时）

1. 教师提供课前学习资源

课前线上学习部分的设计目的是巩固学生的语言基础并了解相关写作知识，锻炼学生的自主学习能力，为课堂写作练习做好知识和技能准备。混合式教学对学生来说比较陌生，因此教师首先要对学生进行混合式学习培训，强调课前线上学习的重要性，然后提前一周将指导学生线上自主学习的学习指南、线上任务清单、微课学习视频及测试题、与写作主题相关的课外阅读材料放置到学习平台上。

学习指南是单元学习内容及学习计划的指导说明，对学生线上自主学习起着重要的引导作用，主要包括单元主题、学习目标、学习内容、学习计划及方式四个部分。[6]其中，学习目标指通过本单元的线上学习及线下训练，学生在知识、能力及情感三个方面应取得的学习成果；学习内容从语言知识、课堂练习、课堂活动三个方面阐释本单元学生的学习重点及难点。最后，学习计划及方式部分，借助表格呈现本单元各课时的学习任务、对应的学习方式、建议及步骤，使学生针对不同的学习方式做好心理及知识、技能准备。而线上任务清单主要呈现课前线上学习的各项任务及其检测方式，要求学生及时在清单上记录任务完成情况，并在线下学习前反馈给教师。任务清单可以提高学生课前自主学习的条理性，帮助学生清晰地把握进而有计划地完成线上任务，还能提示学生根据线下检测方式（情境练习、提问、课堂展示等），有针对性地进行课前准备及练习。

线上教师提供的教学视频可以使学生不受时间和空间限制，个性化地学习语言知识和写作技巧，同时提供的课外拓展阅读材料，可以引导学生积累相似的素材、词语及句式，激发其写作兴趣，为课堂上的写作训练做好准备。线上学习资源的设计方面，教师要注意控制微课的时间，合理筛选资源，以词汇、语言点、句式、写作技巧讲解为主，以相关话题拓展为辅。此外，根据范文话题设置的思考题应由易到难，能够引发思考，为课中线下写作打好基础。

最后，教师要综合考虑学生水平及本课内容的重难点，有针对性地设计课前测试题，检验学生课前学习效果。测试题难度及题量应适宜，不要挫伤学生的学习积极性。

2. 指导学生自主学习并完成测试

混合模式下，学生根据线上学习任务清单有条理地完成课前任务，灵活选择微课学习时间及方式，根据自身知识掌握情况重复或有侧重点地观看视频。在微课学习过程中，教师应及时提醒学生思考并记录遇到的难点和问题。[7]

微课学习完成后，学生根据任务清单进行课前测试并完成其他任务，将思考题答案及自主学习过程中的问题汇总反馈给教师。对于学习过程中的难点及问题，教师应鼓励学生在班级微信交流平台上讨论交流，增强学生在线学习时的集体归属感，同时要关注学生交流过程中的问题并及时予以解答和指导。

3. 教师检查并总结

这一阶段是学生个性化学习的反馈阶段，是检验学生线上学习效果和增强写作动机的重要阶段。教师应及时查看学生在学习平台上的学习情况，包括微课的观看、思考题的完成情况以及测试题的完成质量。对学生提出的问题，教师在及时回复的基础上进行总结归纳。教师的反馈不仅能够提高学生线上学习的效率，还能促进学生进一步的深度思考。

最后，教师应根据微课学习情况以及课前测试的结果调整线下教学活动的安排和进度，并根据范文思考题反馈结果的正确率和完整度调整范文学习环节和话题拓展环节的设计。

（二）线下写作活动阶段（2课时）

1. 写前热身

首先，教师从本次写作的主题出发，选用情境法导入。情境应选择学生感兴趣且有新鲜感的生活片段。其次，设置启发思维的问题，鼓励学生进行头脑风暴，如不同情境下的周末有哪些活动等，使学生积极展开思考，在交流讨论中获得更多的词语、句式、写作素材和写作思路。最后，根据本课词语和语言点的内在联系进行分组，依次展示几组词语的图片，引导学生就相关主题逐步从一个句子到多个句子再过渡到语段的表达练习。

2. 综合训练

综合训练是由语言知识到言语技能的过渡，本次教学设计发挥了言语技能训练在拓展学生写作思路方面的作用。一方面，在学生已掌握语言点用法的基础上，引导学生围绕写作主题进行小组调查活动，使学生在询问、描述中灵活运用本课句式，在总结、归纳中拓展行文思路。调查成果由小组成员共同记录并呈现，及时巩固学生的思维成果。另一方面，进行以学生为主体的范文学习。学生在老师的指导下结合情境自主概括范文结构，进行深度学习。综合训练的最后环节是预写作训练。为进一步激发学生兴趣，使学生多角度思考写作主题，减少作文题目、语法知识、写作思路、写作框架等对学生写作造成的困扰，预写作环节采用"抽图片、讲故事"的方式。学生以组为单位抽取照片，展开联想并自由讨论，先叙述再自由写作。叙述过程采用竞赛形式，自由写作有时间限制，允许采用拼音。

3. 学生独立写作训练

在写前热身和综合训练环节，学生通过独立思考和小组合作积累了丰富的语料和素材，而以小组为单位的自由写作环节帮助学生树立了信心，这些都为学生独立写作训练环节做好了铺垫。这一环节采用限时写作的方式，以提高学生的写作速度。学生自由选择给出主题情境并进行续写，或自己拟题进行当堂写作。在这一阶段的写作中，困扰学生的主要是写作素材、思路、词汇量及句式，教师应引导学生参考几次小组任务的写作成果，梳理语料，完善写作思路，搭建文章框架，再开始具体内容的写作。写作过程中鼓励学生少用或不用词典，将注意力重点放在写作思路和语段衔接上。教师对当堂完成写作任务的同学予以奖励，并提醒学生课下自主修改，将最后修改完成的作文通过学习平台或微信方式提交给老师。

（三）线下修改反馈阶段（1课时）

在修改反馈阶段，采用教师评价与学生小组评价结合的方式对作文进行评改。首先，教师课前对学生作文进行全面修改，重点关注文章结构、逻辑层次、用词、语法、语段衔接、书写等方面，旨在保证修改质量，为课堂上的个别辅导做准备。课堂上，为提高学生的语言运用能力，教师将作文打乱顺序分给各个小组，引导学生以"读者"身份对其他同学的作文进行修改和评价，这样做更易于学生发现问题及互相学习。学生修改前，教师应展示习作中的范文，引导学生讨论总结其在内容及结构上的优缺点并当堂示范修改，从结构、条理、内容、语言、书写五个方面提供范文的评判标准，为学生互评提供依据。学生分组在老师的指导下进行作文评改，并写出修改建议。评改结束后，每个小组派代表向全班汇报讨论结果，指出问题，分享作文优点及自己的学习收获。最后，教师总结学生作文的典型错误及修改方法，引导学生独立修改并个别辅导。在这个过程中教师应注意方式和方法，集体纠错时要考虑到学生的心理因素，将重点放在引导学生掌握正确的表达形式上，不要挫伤学生的自尊心和积极性。教师评价及学生互评的评改标准见表1。

表 1 《中级汉语写作》作文评改标准

评价内容		评价维度	分数
语言表达	词语	词汇使用准确、搭配得当	5 4 3 2 1
		词语灵活、丰富、得体	5 4 3 2 1
	语法	语法正确	5 4 3 2 1
		能有意识地使用复句并运用学过的句式，句式使用灵活得当，语言表达生动	5 4 3 2 1
主体内容		选材紧扣主题	5 4 3 2 1
		素材较真实，出自亲身的生活经历	5 4 3 2 1
		内容充实，叙事详略得当	5 4 3 2 1
逻辑结构		结构完整，条理清晰	5 4 3 2 1
		逻辑通顺，连接词和衔接手段使用恰当	5 4 3 2 1
书写		书写准确规范，没有错别字，标点符号使用正确	5 4 3 2 1
		书写整洁，字体工整，没有涂抹痕迹	5 4 3 2 1

四 混合式教学模式实施效果评估

为了验证混合式教学的可行性和有效性，笔者选用《发展汉语——中级写作 I》第十单元作为教学内容，在浙江师范大学对外汉语中级阶段的写作课堂中进行了混合模式教学实践，并在实践结束后对教学实施效果进行了评估与分析。

（一）教师自我反思

本次教学实践的主要目的是：改善传统模式下写作课教学存在的课堂练习时间不足、学生大多"无感而发"的状况，希望将混合式教学模式与写作教学结合起来，激发学生的写作兴趣、缓解写作焦虑、提供写作支撑、培养良好的写作习惯。

从教学各阶段的实施效果上来看，课前引导学习阶段，虽然学生开始时不适应线上学习方式，但在教师及时督促下，学生基本能认真完成课前视频学习。40%的学生在微信交流平台上通过和教师、同伴讨论解决自学问题，为课堂练习打下了良好基础，也实现了教师收集学生问题、明确教学重点的目的。线下环节，导入与写前热身阶段，真实照片增加了学生的亲近感，学生积极思考并不断说出完整和精彩的语段。综合练习阶段，学生小组活动的积极性很高，90%的学生能询问同学并记录精彩语句。预写作阶段，小组成员相互协作，最终小组展示的故事情节丰富，语句较精彩。独立写作训练阶段，学生积极配合限时写作的安排并较高效地完成了任务，但是少部分学生仍然存在写作思路不顺畅、依赖范文的问题，个别学生对当堂写作的方式比较陌生，存在一定的畏难情绪，但是整体写作氛围较好，完成质量也较高。

混合模式下，知识的传授和机械性练习放在课前线上完成，最大限度地释放了课堂练习时间。线下教师通过合理利用教学媒体，丰富了课堂活动形式，给学生充足的思考及合作时间，从词语练习、语段练习逐步过渡到篇章写作，循序渐进，拓宽了写作思路，促进了词汇和语法知识的迁移与内化，为学生搭建起了牢固的写作支撑，增强了写作的自信心，激发了表达的欲望，提高了语言表达的质量。学生互评及自主修改环节提高了学生评改作文的意识和能力。

总的来说，笔者认为，本次写作课教学混合了课内、课外两种教学环境以及独立学习与合作学习两种学习方式，吸收了情景法、任务法、过程法、听说法等多种教学方法的优势并加以实践，丰富的课堂活动切实提高了学生的参与热情，大部分学生都能积极配合并认真完成任务。写前热身及综合训练在使学生思维活跃的同时，帮助学生积累了写作素材，大多数学生的写作速度和质量有较明显的提高，总体达到了预期的教学目标。

（二）听课教师的反馈

为细致评价混合模式下写作课各环节学生的学习效果，在本次混合式教学设计实施时，笔者邀请了两位专职对外汉语教师、三位实习教师在课堂上听课指导。在课后采用访谈与评价表两种方式收集评价结果，同时也参考了实习教师的听课笔记。

课堂气氛方面，所有的听课教师都认为整体课堂氛围轻松活跃，学生能够积极地配合教师，讨论和展示环节气氛热烈，与传统课堂相比，学生写作学习积极性有所提升。

学生参与度及学习效果上，所有听课教师认为，混合模式下的写作课堂学生参与度明显提高。学生不仅能较熟练地掌握本课的语言点，还拓展学习了常用的典型句式。有两位教师认为故事比赛等小组任务能够为写作训练提供语料，减轻学生的写作压力，小组调查使学生相互交流，激发了学生对写作主题的兴趣。从课堂小组展示、小组调查反馈情况、限时写作的成果来看，水平稍好的学生任务完成度很高，水平稍差的学生语言表达和限时作文也有明显进步。

最后，教学资源方面，四位听课教师提出，本次教学实践的教学资源较丰富有效，其中主题视频、课外阅读材料、真实照片等值得借鉴。有一位教师认为，微课视频使学生对课堂内容充满期待。

（三）学生的反馈

学生是语言学习活动的主体，学生的反馈体现了混合模式的实践效果，能为教学评估提供参考依据，并帮助教师改进教学环节。这部分主要通过问卷与访谈结合的方式收集学生的反馈，调查对象为浙江师范大学进修系中级 B 班的 25 名学生。本次共发放问卷 25 份，回收的有效问卷为 23 份，回收率为 92%。

1. 对混合式教学模式应用的认可度

调查数据显示，学生对混合模式的写作教学认可度相对较高，认为与传统模式相比趣味性更强，教学活动设计能够激发自己的学习兴趣。96%的学生认为上课内容对写作学习很有帮助，只有4%的学生认为帮助不大。在课堂练习方面，92%的学生认为课堂练习难度适宜。在写作技能提高方面，65%的学生认为积累了更多的词语和句式，31%的学生表示自己的写作思路更加清晰、完整。87%的学生希望能够继续进行混合模式下的写作学习，只有三名同学持一般态度，通过课后访谈笔者了解到，其不认可的原因是，他们性格较内向，在学习方式上倾向于自己学习而不是小组合作。因此，在教学组织方式上，教师要注意合理扩大课堂上学生自主学习的比重，使不同学习方式的学习者都能获得成就感。

2. 对线上学习资源的满意度

在线上学习资源满意度方面，79％的学生表示非常满意或比较满意，21％的学生表示不太满意和不满意。通过课后访谈笔者了解到，部分学生感觉课前任务量较大，有些任务如拓展阅读材料等有一定难度，初次接触还不太适应。通过调查可知，大部分学生有较强的学习自主性，能够适应并认可这种课前学习的方式，但少部分学生仍存在畏难情绪。因此，教师应在了解学生基础和知识掌握情况的前提下，合理调整课前学习任务的难度和任务量，课前阅读材料可以分两种——必读和选读，满足不同语言基础学生的需求。此外，不要急于求成，加强学生的适应性引导，循序渐进地提出更高的自主学习要求。

3. 对教学各环节实施过程和方法的评价

通过调查数据分析发现，学生对教学各环节的整体评价较高，评分最高的环节是小组调查、故事比赛、限时写作及课堂独立写作。

在小组调查部分，教师采用小组讨论及合作的方式，减轻了学生的写作压力，并通过听说—记录—讨论总结的活动方式，以听说训练带动学生读写能力的提高。绝大部分学生认为通过讨论，学习并拓展了更多相关句式，在挑选精彩段落的过程中加深了对表达形式的印象。

故事比赛环节，师生的真实周末照片较成功地吸引了学生注意力，学生对此环节的积极性和满意度也较高。大部分学生认为教师给出的句型和关键词非常有帮助，小组内大部分学生能运用这些句式讲故事，环节整体难度适宜。在语言点的复现上，大部分学生认为此环节加深了自己对本课词语及语言点的运用，特别是在小组讨论中，学生之间能够相互纠正错误的句式，并学习到精彩的表达。

在限时写作部分，激励学生在思维活跃的情况下尝试自由地输出，旨在提高学生的写作速度并训练思维能力。大部分学生认为该环节时间安排合理，他们能较快地投入，完成写作，并构思大作文的写作思路。

学生对这种写前构思的方式评价较高。但仍有部分学生思路不顺畅，需要更多时间来挑选语料及构思，还有部分学生希望教师当堂讲评限时写作的情况，使他们能及时发现自己的错误并改正。

课堂独立写作环节显示了混合模式的优势，一方面学生可以获得教师在写作思路及语法问题方面的及时指导，另一方面可以发挥课堂环境在提高学生学习效率和写作质量方面的优势。

但是，调查数据显示，学生对范文学习环节的满意度较低。虽然课前的需求分析中大部分学生认为范文的结构和句式对写作非常重要，但是课堂上学生的参与积极性普遍不高，在所有教学环节中学生的满意度最低。学生希望可以学以致用，增加巩固练习。

通过分析，笔者得到以下启示。首先，在混合模式下的课堂教学中，教师应合理利用图片、视频及多媒体教学手段形象地展示教学内容，使教学过程更加生动，这不仅能够增加教学吸引力，还可以达到强化学习效果的目标。[8]其次，教师应合理把握课堂练习难度，根据学生课前线上学习情况，灵活调整课堂练习的时间，适当增加深度思考练习前的铺垫以及独立思考和写作的时间。再次，应利用关键词及表格等方式引导学生对范文结构进行梳理，然后通过拓展提供适合学生水平的经典美文引导学生体会汉语篇章结构的特点和构思技巧。范文结构概括与课堂写作环节应紧密衔接，通过思路图构建环节，帮助学生搭建文章框架。

以上调查结果说明，本次混合模式与写作教学的结合是比较成功的，教师用由易到难的语言练习代替传统的知识讲解，通过以学生为主体的调查活动、概括写作思路的训练以及故事比赛，充分地调动了学生的学习兴趣，学生在积极参与的过程中提高了语言书面表达能力。

五 结语

混合模式在对外汉语教学领域已开始受到关注，本文设计了一套对外汉语中级写作教学中线上、线下混合式教学的完整流程，并通过教学实践和效果反馈证明，混合模式能够提高课堂活动的效率，学生在写作训练中的兴趣和积极性明显提高，写作时的"畏难"心理和紧张情绪减弱，汉语写作的主动性增强，有利于提高学生的写作能力。

但混合模式在对外汉语教学中的实践应用仍处于摸索阶段，教材编写、学生的适应性引导以及如何促进教学效果最大化等问题尚待解决，我们将继续为之努力。

The Practical Application of Mixed Teaching Mode in Intermediate Writing Teaching of Chinese as a Foreign Language

Zhang Ying, *Wang Shengnan*

(*International College of Culture and Education*, *Zhejiang Normal University*; *Hangzhou Xihu Wenli Primary School*)

Abstract: The intermediate stage of Chinese as a foreign language writing course due to its high requirements for foreign students' comprehensive ability to use the language, leading to the students have a certain "fear of difficulties" mood, lack of interest in learning. And hybrid teaching model combined the advantages of traditional teaching and network teaching, through optimizing combination online two kinds of teaching resources, reasonable allocation of students' autonomous learning and cooperative learning time, can effectively increase the classroom activity time, rich activity form, support for students learning, enhance learning confidence and motivation. This paper explores the implementation process of the mixed teaching of Chinese writing as a foreign language, and proves its feasibility and effectiveness through teaching practice and effect feedback.

Key words: Mixed Teaching Mode; Teaching Chinese as a Foreign Language; Writing Class

参考文献

［1］何克抗. 从 Blending Learning 看教育技术理论的新发展 ［J］. 国家教育行政学院学报, 2005（09）：37－38.

［2］田富鹏, 焦道利. 信息化环境下高校混合教学模式的实践探索 ［J］. 电化教育研究, 2005（04）：63－64.

［3］闫晨阳. 基于情景教学法的对外汉语中级写作教学设计 ［D］. 扬州大学, 2017：30－39.

［4］赵欣. 对外汉语写作教学研究 ［D］. 沈阳师范大学硕士学位论文, 2014：24－28.

［5］刘雨田. 对外汉语中级写作课教学设计研究 ［D］. 湖南大学硕士学位论文, 2015：4－7, 22－26.

［6］王成杰. 翻转课堂在对外汉语教学中的设计与应用研究 ［D］. 杭州师范大学硕士学位论文, 2016.

［7］李逢庆. 混合式教学的理论基础与教学设计 ［J］. 现代教育技术, 2016, 26（09）：18－24.

［8］孙瑞, 孟瑞森, 文萱. "翻转课堂" 教学模式在对外汉语教学中的应用 ［J］. 语言教学与研究, 2015（03）：35－36.

东亚来华留学生的工作记忆与汉语听力学能关系研究

陈　昱　王佶旻[*]

摘　要	本研究探讨了东亚来华留学生（N = 50）的工作记忆执行能力、语音工作记忆和语言学能子成分：语音编码能力、机械记忆能力之间的关系。实验的统计结果表明：第一，相对于较低水平的汉语二语学习者群体，汉语听力水平更高的学习者在工作记忆执行能力、语音编码能力上的得分也更高；第二，工作记忆执行能力和语音编码能力、机械记忆能力之间存在着显著的正向相关性；第三，语音工作记忆和语音编码能力、机械记忆能力不存在相关性。结合相关理论与实证研究结果，我们推测：由操作广度任务测量的工作记忆执行能力或许可以替代 MLAT 中的语音编码能力，成为预测汉语听力水平的一个重要语言学能指标。
关键词	语言学能；外语学能测验；个体差异因素；东亚来华留学生

* 陈昱，浙江师范大学国际文化与教育学院讲师，博士，研究方向：应用语言学；王佶旻，北京语言大学国际学生教育政策与评价研究院教授，博士生导师，研究方向：教育评价。

一 引言

近年来，越来越多的研究探讨了工作记忆（Working Memory）在二语习得（Second Language Acquisition）中可能存在的作用[1-3]。工作记忆作为一种对二语学习产生重要作用的高级认知能力，也常常被认为属于语言学能（Language Learning Aptitude）的一部分[4]。本研究旨在前人研究的基础上，进一步探究工作记忆和传统的语言学能成分之间的关系，以及它们在具有相同或相似二语学习经验的汉语学习者中，对不同汉语听力水平可能做出的贡献。

二 研究背景

（一）工作记忆及其测量工具

工作记忆是一种复杂的认知能力，这种认知能力特指在完成其他认知任务，如阅读、解决问题或学习时临时储存相关信息的能力[5]，在对相关信息进行储存的同时，还需要对信息进行提取和控制[6]，即需要对信息同时进行保存和加工。一方面，一些实证研究表明，语音工作记忆（Phonological Working Memory）[7-10]与二语学习者的听力水平相关，被认为应该纳入语言学能的范畴[9-12]，它被认为可以通过"非字广度"或"非词广度"任务来进行测量。另一方面，前人的研究结果表明[13]，工作记忆执行能力（Executive Working Memory）可能也与二语学习者的听力水平相关。工作记忆执行能力又可细分为更新能力、抑制控制能力和任务切换能力，并可以依次用操作广度任务、反扫视测验或 Stroop 测验，以及数字切换任务来测量。

（二）语言学能及其测验工具

语言学能又被称为语言学习能力倾向。它的概念最早起源于 20 世纪 20 年代的美国，早期被认为是"学习语言的一种特殊才能，类似于音乐绘画等其他特殊才能"，这种才能被认为会使得不同学习者学习语言时在速度上产生差异[14]。语言学能常常被认为是年龄因素以外最能预测二语学习结果的个体差异因素[15,16]。自语言学能的概念出现以来，研究者们编制了各种类型的语言学能测验[13,17-20]，并提出了不同的语言学能子成分构成模型。其中，最为经典的是 John Carroll 和 Stanley Sapon 编制的现代语言学能测验（Modern Language Aptitude Test，MLAT）和与测验一起被提出的"四要素"模型[18]。这四要素被认为可以通过 MLAT 的五个子测验测出：语音编码能力（Phonetic Coding Ability）、语法敏感度（Grammatical Sensitivity）、语言归纳能力（Inductive Language Learning Ability）和联想记忆能力（Memory Ability）。据 Carroll 称，MLAT 所测量到的学习者的语言学能与他们的外语学习成绩的相关系数 R 值高达 0.77[21]。对于潜能性的学能测验而言，其与第二语言学习结果的相关系数在 0.4 到 0.6 之间，就已经可以很好地解释外语水平成绩的差异来源了[22]。因此，MLAT 令人折服的预测效度也使之几乎成为语言学能测验的代名词[23]。MLAT 之所以可以取得这样的成绩，最主要的原因在于它对语音记忆的重视。

（三）工作记忆与语言学能以及二语学习结果的关系

关于工作记忆和语言学能的关系，目前学界存在很大的争议，观点并不统一。Carroll 曾经坦言，MLAT 中的记忆能力部分最值得继续深入研究[24]，就这部分而言，有些学者认为他所说的记忆能力部分可以由工作记忆来替代，有的学者认为将工作记忆增加为语言学能的一个构成来进行研究最有可能取得突破性进展[25,26]，还有的学者，比如 Sawyer 和 Ranta 则认为工作记忆可以成为补充甚至代替外语学能倾向来解释二语习得过程的关键所在[27]。而对工作记忆中哪些成分与语言学习有关，以及关系如何，欧洲和北美的认知心理学家们的观点也不一致[1]。欧洲具有代表性的认知心理学家 Baddeley 和 Gathercole 认为工作记忆中的语音工作记忆成分和二语习得相关[28,29]；北美认知心理学家们则认为工作记忆中的执行能力和二语习得有关[30-32]。

　　针对汉语二语听力水平和语言学能、工作记忆的关系研究非常少。因此，本研究拓展前人的研究思路，以 MLAT 中和语音相关的、最具预测效力的子测验为研究工具之一，重新审视了工作记忆子成分和语言学能子成分在汉语二语听力学习中的作用，以及工作记忆子成分和语言学能子成分的相互关系。

三　研究方法

　　本研究使用的测量工具有两套。一套是纸笔测验"汉语听力测试卷"，用来测量参与者的汉语听力水平。另一套是系列行为实验，其中两个行为实验用来分别测量工作记忆的两个子成分：执行工作记忆和语音工作记忆；另外四个行为实验由 MLAT 相应部分改编，用来测量语言学能倾向中和语音相关的子成分：语音编码能力和联想记忆能力。

（一）被试

　　93 名本科来华留学生参加了汉语听力水平考试，按照极端分组法，考试得分高于或等于 50 分以上者为汉语听力高水平组，低于 49 分者为低水平组。根据历史背景调查问卷显示，高水平组被试均通过了 HSK5 级或者 HSK6 级，低水平组被试只通过了 HSK4 级或 3 级水平，甚至有的在参与本研究时尚未参加过任何 HSK 等级考试。其中，高水平组 43 人，低水平组 50 人。93 名被试中的 50 人参加了后续的行为实验，其中，高水平组 27 人（男 8 人，女 19 人），低水平组 23 人（男 14 人，女 9 人）。所有被试的年龄在 19~29 岁，除了包括一般意义上的几个东亚国家，如日本、韩国、朝鲜和蒙古国外，还有些被试来自马来西亚、印度尼西亚、缅甸、泰国、老挝和越南，共计 10 个国家。所有被试均为右利手。视力或矫正视力正常。被试在实验后取得相应的报酬。

（二）实验材料

1. 汉语听力测试卷

汉语听力测试卷由"实用汉语水平认定考试"（Test of practical Chinese，C. TEST）真题卷的听力部分抽题组卷而成[33]。我们从若干份原卷中选择了整卷信度系数高（α 系数约为 0.95）、难度适中（难度在 0.40 - 0.82 之间）、区分度较好（点双列相关系数值大于 0.30）的两套试卷中的 60 道题，组成了"汉语听力测试卷"，使得低水平组和高水平组的学习者能够放在同一个量表上测量。统计时采用 0、1 计分法，答错一题计 0 分，答对一题计 1 分，全卷满分 60 分。完成听力测试约需耗时 50 分钟。试卷组成部分情况如表 1 所示。

表 1　听力测试卷构成情况

构成部分	题目数量（单位：个）
第一部分选择正确读音	6
第二部分看图回答问题	9
第三部分听后应答	15
第四部分听简短对话回答问题	9
第五部分长对话或讲话	21

2. 行为实验

行为实验通过 E-prime1.0 编程，并由笔记本电脑呈现。结合前人的研究和预实验结果，最终确定了六个有效的行为实验任务。这六个任务详细情况见表 2。这六个任务的计分方式和汉语听力水平测验的计分方式相同。其中，第一个任务改编自 MLAT 第一部分。第二个任务改编自 MLAT 第二部分。第三个任务改编自操作广度任务（Operation Span 2.0.10）[34]。第四个任务改编自 MLAT 的第五部分，所测量的是学习者快速而有效地形成文字与形状之间的语音联系，并加以机械记忆能力。第五个任务基于 MLAT 第三部分的设计原理改编而来，所测量的通过字形首先实现语音文字之间的通达，然后找到相关的匹配表征并输出音形义的语音编码能力。最后一个任务改编自非词记忆广度任务[35]。

表2 行为实验任务构成情况

任务编号	任务名称简称	行为任务名称	所测子能力	所属能力	分数
1	数字记忆	听汉语数字判断是非	机械记忆能力	语言学能	60
2	语音感知	听语音选出同音拼音	语音编码能力	语言学能	30
3	执行广度	操作广度任务	执行能力	工作记忆	75
4	联想记忆	联想配对学习	机械记忆能力	语言学能	24
5	音形通达	选同声母汉字	语音编码能力	语言学能	50
6	非词记忆	非词记忆广度	语音短时记忆	工作记忆	105

3. 采集和分析数据

数据采集分两个阶段：第一阶段收集汉语听力水平测验的数据；第二阶段采集行为实验的数据。根据被试前期的听力测验成绩将被试进行分组，然后逐一联系被试参加行为实验。所有数据在一个月内搜集完成。其中，行为实验的所有汉字都以39号宋体呈现，然后使用Power-Point制成白底黑字的jpg格式的图片，导入编写的Eprime1.1实验程序里，呈现在白色屏幕中央，测试距离约为80cm。所有的声音材料均由一名普通话等级水平一级乙等的女性发音人在隔音录音室录制，每个语音材料读3遍，实验材料选用第2遍朗读所形成的声音文件。声音材料均利用音频处理软件Audacity进行降噪或者变奏等处理，并形成44.1kHz采样频率、16bit分辨率的声音文件，材料的平均强度被标准化为70dB。经过处理的声音文件被导入Eprime1.1实验程序中。正式施测时，各行为实验的完成顺序是随机的，并且每个任务完成后，被试都可以自行选择是否需要休息1~2分钟。每个被试完成所有测验所费时间合计3~4个小时不等。

数据分析时，研究者先用E-prime软件进行行为实验数据的离线分析与提取，再使用Excel 2016和SPSS 22进行数据的整理和统计分析。

四　研究结果

（一）汉语听力水平测验结果

被试的总体平均分约 48 分，最低分为 33 分，最高分为 58 分（见表 3）。正态分布的 Kolmogorov-Smirnov 检验（以下简称为 "K-S 检验"）结果显示，Sig. = 0.053 > 0.05，说明被试的听力水平成绩符合正态分布（见图 1）。对高、低组被试的汉语听力水平成绩进行独立样本 t 检验（见表 4），结果发现，两组在 0.01 的水平上，Sig. 值为 0.00 < 0.01，表明高水平组的汉语听力水平显著优于低水平组。

表 3　汉语听力水平测验的描述性统计结果

类别	N	极小值	极大值	均值	标准误	标准差	方差
汉语听力	50	33	58	48.42	1.07	7.60	57.84
低水平	23	33	49	41.70	1.23	5.93	35.22
高水平组	27	50	58	54.15	0.43	2.26	5.13

假设检验汇总

	原假设	测试	Sig.	决策者
1	汉语听力的分布为正态分布，平均值为48.42，标准差为7.61	单样本 Kolmogorov-Smirnov检验	0.053	保留原假设

注：显示渐进显著性，显著性水平是0.05。

图 1　汉语二语听力水平成绩正态分布假设检验结果

表 4　50 名被试者两个组别的汉语听力水平差异的独立样本 t 检验

方差方程的 Levene 检验		均值方程的 t 检验							
汉语听力水平	F	Sig.	t	df	Sig.（双侧）	均值差值	标准误差值	差分的95%置信区间	
								下限	上限
两个组别　方差齐性	39.70	0.00	-10.09	48.00	0.00	-12.45	1.23	-14.93	-9.97

续表

方差方程的 Levene 检验			均值方程的 t 检验						
汉语听力水平	F	Sig.	t	df	Sig.（双侧）	均值差值	标准误差值	差分的95%置信区间	
								下限	上限
两个组别 方差不齐性			-9.49	27.44	0.00	-12.45	1.31	-15.14	-9.76

（二）行为实验结果

50 名被试行为实验的描述性统计结果见表5。从表5可以知道，在数字记忆、语音感知、执行广度、联想记忆、音形通达和非词记忆6个任务上，只有数字记忆在低水平组上的得分均值（Mean = 57.90）大于高级水平组（Mean = 57.96），其余5个任务的得分均值都是高水平组大于低水平组。对所有行为实验进行"K-S检验"，其结果见图2。发现有3个任务符合正态分布：语音感知、执行广度和联想记忆，对其进行了独立样本t检验；而另三个不符合的则进行了非参的 Mann-Whitney U 检验，以查看两个组别之间的差异是否显著。独立样本t检验和非参检验结果分别见表6和图3。具体而言，独立样本t检验显示，音形通达任务在两个组别之间的得分存在显著差异（sig. = 0.00 < 0.01）。而从图3可知，语音感知任务（sig. = 0.004 < 0.01）和执行广度任务（sig. = 0.017 < 0.05）在两个组别之间也存在显著差异。简言之，在0.05的水平上，高水平组在音形通达、语音感知和执行广度上的得分显著高于低水平组。

表5　行为实验描述性统计结果

任务	组别	N	最小值	最大值	均值	标准误	标准差	方差
数字记忆	50	50	60	57.9	0.31	2.21	4.87	
	高水平组	27	50	60	57.85	0.49	2.57	6.59
	低水平组	23	55	60	57.96	0.36	1.74	3.04
语音感知	50	13	29	26.3	0.41	2.89	8.38	
	高水平组	27	24	29	27.37	0.28	1.47	2.17
	低水平组	23	13	29	25.04	0.75	3.61	13.04

续表

任务	组别	N	最小值	最大值	均值	标准误	标准差	方差
执行广度	50	4	75	49.14	2.31	16.31	265.96	
	高水平组	27	24	75	54.26	2.82	14.63	214.12
	低水平组	23	4	68	43.13	3.42	16.41	269.39
联想记忆	50	9	20	16.5	0.42	2.98	8.91	
	高水平组	27	9	20	16.78	0.53	2.75	7.56
	低水平组	23	9	20	16.17	0.68	3.27	10.7
音形通达	50	12	49	42.96	0.97	6.85	46.9	
	高水平组	27	28	49	45.85	0.78	4.04	16.36
	低水平组	23	12	48	39.57	1.65	7.92	62.8
非词记忆	50	27	105	91.74	1.89	13.37	178.85	
	高水平组	27	78	105	94.15	1.53	7.96	63.28
	低水平组	23	27	103	88.91	3.66	17.55	308.08

序号	原假设	测试	Sig.	决策者
1	数字记忆的分布为正态分布，平均值为57.90，标准差为2.21	单样本 Kolmogorov-Smirnov检验	0.017	拒绝原假设
2	语音感知的分布为正态分布，平均值为26.30，标准差为2.89	单样本 Kolmogorov-Smirnov检验	0.092	保留原假设
3	执行广度的分布为正态分布，平均值为49.14，标准差为16.31	单样本 Kolmogorov-Smirnov检验	0.664	保留原假设
4	联想记忆的分布为正态分布，平均值为16.50，标准差为2.98	单样本 Kolmogorov-Smirnov检验	0.125	保留原假设
5	音形通达的分布为正态分布，平均值为42.96，标准差为6.85	单样本 Kolmogorov-Smirnov检验	0.018	拒绝原假设
6	非词记忆的分布为正态分布，平均值为91.74，标准差为13.37	单样本 Kolmogorov-Smirnov检验	0.007	拒绝原假设

注：显示渐进显著性，显著性水平是0.05。

图2 行为实验的正态分布假设检验结果

表6 两个组别的行为实验（一、五、六）的独立样本 t 检验

独立样本 t 检验		方差方程的 Levene 检验		均值方程的 t 检验					差分的95%置信区间	
		F	Sig.	t	df	Sig.（双侧）	均值差值	标准误差值	下限	上限
数字记忆	方差齐性	2.60	0.11	−1.39	48.00	0.17	−5.24	3.76	−12.79	2.32
	方差不齐性			−1.32	29.61	0.20	−5.24	3.97	−13.34	2.87
音形通达	方差齐性	7.47	0.01	−3.61	48.00	0.00	−6.29	1.74	−9.79	−2.79
	方差不齐性			−3.44	31.53	0.00	−6.29	1.83	−10.01	−2.56
非词记忆	方差齐性	2.60	0.11	−1.39	48.00	0.17	−5.24	3.76	−12.79	2.32
	方差不齐性			−1.32	29.61	0.20	−5.24	3.97	−13.34	2.87

序号	原假设	测试	Sig.	决策者
1	语音感知的分布在级别类别上相同	独立样本 Mann-Whitney U检验	0.004	拒绝原假设
2	执行广度的分布在组别类别上相同	独立样本 Mann-Whitney U检验	0.017	拒绝原假设
3	联想记忆的分布在组别类别上相同	独立样本 Mann-Whitney U检验	0.596	保留原假设

注：显示渐进显著性。显著性水平是0.05。

图3 两个组别的行为实验（二、三、四）的非参检验

相关性检验显示了高、低水平组工作记忆子成分（执行广度和非词记忆）与语言学能各子成分之间的关系，结果表明，执行广度和语音感知、联想记忆、音形通达之间在 0.05 的水平上存在显著的正相关性，而非词记忆只和语音感知在 0.01 的水平上存在高度的正相关。换言之，语音感知好的学习者，他们的执行广度和非词记忆能力也更好；而联想记

忆和音形通达能力好的学习者，他们的执行广度也越好。相关性检验结果见表7。

而聚类分析的结果显示，工作记忆的两个子成分和语言学能的四个子成分可以分为两大类。一类只包含两个变量，另一类里包含四个变量，具体见图4和表8。根据图4推断，语音感知和非词记忆可以归为一类，而其他几个变量可以归为一类。这和上述的相关性检验结果一致：只有语音感知和非词记忆的正相关在0.01水平上存在高相关。

表 7 工作记忆子成分与语言学能子成分的相关性分析结果

相关性		数字记忆	语音感知	联想记忆	音形通达
执行广度	Pearson 相关性	0.07	0.352 *	0.311 *	0.352 *
	显著性（双侧）	0.64	0.01	0.03	0.01
非词记忆	Pearson 相关性	− 0.188	0.117 **	0.221	0.117
	显著性（双侧）	0.190	0.417	0.124	0.417

注：* 在 0.05 水平（双侧）上显著相关，** 在 .01 水平（双侧）上显著相关。

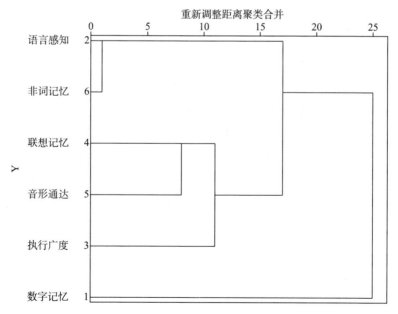

图 4 聚类分析树状图

表 8　聚类分析结果

		每个聚类中的案例数	
聚类		1	2
		2	4
	有效		6
	缺失		0

四　结论与讨论

本研究探讨的是汉语二语学习者的工作记忆和语言学能之间的关系，其中，工作记忆特指语音工作记忆和由操作广度任务测量的执行能力，语言学能特指与听力相关的语音编码能力、机械记忆能力。通过实验设计，我们成功地在同一个量表上将参加测试的东亚来华留学生分为了低水平组和高水平组。

在后续的行为试验中，语言学能的子测验结果出现了两种不同的情况：第一，汉语听力高水平组的被试在语音编码能力上的得分显著地高于低水平组；第二，机械记忆能力在汉语听力高水平组和低水平组之间没有表现出能力上的差异。具体而言，语音编码能力是由行为实验五的"选同声母汉字任务"所测量的音形通达能力和行为实验二"听语音选出同音拼音"任务所测量的语音感知能力构成的。

而关于工作记忆的子测验也出现了两种不同的结果：第一，汉语听力高水平组的被试在执行能力上的得分显著地高于低水平组；第二，语音工作记忆在汉语听力高水平组和低水平组之间无差异。

下面我们将结合相关的概念原理和前人的发现来进行解释。

Carroll 这样定义语音编码能力：学习者能够以某种方式来编码听觉语音材料（Auditory Phonetic Material），以便在几秒钟内识别、定位和记住这些材料[36]。为详细说明，Carroll 还特意举例：学习者听到 2 个语音，然后花 10 秒钟的时间进行心算（Mental Arithmetic），再让其重复这两个音，她可能办不到了，而语音编码能力就是心算过后还能重复之前听到的语音的能力。据此，MLAT 使用了第二、第三个子测验来测量这种能力。

然而，在对 MLAT 子测验的效度研究报告中，语音编码能力和汉语口语的高相关性却始终没有被发现[36]，因此 Carroll 认为，后续还需要相关的研究来探明语言学能与汉语学习结果之间的关系。他甚至特别提出：中文课程的学习成绩和语言学能测验的相关性结果不是很好，可能是因为学习中文需要不同的语言学能。

基于此，Winke 以美国的英语母语—汉语外语学习者为研究对象，探讨了汉语听力水平与语言学能的关系，结果表明：语音编码能力对初级水平学习者的学习结果有预测作用，而对高水平的汉语学习者没有预测作用[8]。后来 Winke 又发现，机械记忆对高水平的汉语学习者预测能力最好，而语音编码能力则没有[37]。

和 Winke 的结果不同的是，在我们的研究中，高、低水平组，都发现了语音编码能力和汉语听力水平之间的正相关性。

在解释上述结果的原因时，Carroll 说到，所测试的可能是短期的、高强度的集中语言培训（当时的参与者只进行了为期 8 个月左右的集中学习）[36]。Winke 也提到了她所定义的高水平被试实际上只参加了为期42 周的集中语言培训[37]。而参与本研究的被试与上述两个研究的被试存在着两点不同之处：一方面，我们的被试学习汉语的环境是中国，他们处在汉语沉浸式环境中，而 Carroll、Winke 的被试则是在美国，汉语仅作为外语课堂的教学用语；另一方面，从学习时间上看，我们的被试，均学习了两年以上。Robinson 曾经提出过能力分化假说（Ability Differentiation Hypothesis），该假说认为有些二语学习者的认知能力和其他人显著不同，并且这些不同的认知能力应该是不同语言学能子成分的复合体，必须与教学条件相匹配使其二语学习的潜力发挥到最大[38]。很多的实证研究也证明了教学条件的重要性，在沉浸式的二语学习环境中，具有高语言学能的二语学习者甚至可以达到和母语者接近的水平[13,39]。因此，被试的这种学习环境和条件的差异性，可能是本研究结果和 Carroll、

Winke 等研究结果不同的最为重要的原因之一。

我们发现：高水平组在执行任务能力上的得分显著高于低水平组，这和前人的研究结果[7,13]一致。工作记忆被多次证明与二语的阅读理解、词汇学习、语言理解、语言表达及听力等多方面技能密切相关，并影响二语习得的速度及学习效率[26-27,31,40]。本研究也再次证明了工作记忆执行能力和第二语言学习结果的这种正相关性，需要特别指出的是，由操作广度任务测量的执行能力和 Carroll 最初定义的语音编码能力之间的关系。

在 Carroll 之后，有研究者使用 Speech Perception Under Distraction（SPUD）来测量学习者的"注意力分散下的语音感知能力"。SPUD 要求被试在交谈背景音中辨听单个语音，并在背景音结束时按顺序依次复述这些语音。研究发现，SPUD 和二语学习结果存在正相关[41]。Carroll 认为 SPUD 和语音编码能力在一定程度上可能有重叠，但二者到底有多大程度上的重叠则需要进一步的研究[24]。

操作广度任务则是将 10 以内的加减乘除和单个字母成对依次出现，每组不超过 7 对，一组完成后要求被试按顺序回忆字母。我们看到，操作广度任务和 SPUD 的设计上虽然有所差异，但都测了一个能力：对注意力的控制，这和 Carroll 早年所说的"语音编码能力"有着本质上的相通之处。从这个角度来说，如果当年的 SPUD 被认为和语音编码能力有所重叠，那么如今的执行能力也同样地和语音编码能力有所重叠，这种重叠正是二语学习者中很重要的一种认知能力：对语音的注意控制力。

最新的一项研究表明[42]，个体工作记忆的差异是指执行能力的差异，而且工作记忆的差异很大程度上反映的是对任务相关信息的关注和抵抗分心的能力，即注意控制力，而不是一个人能够追踪的项目数量的差异。这不仅很好地解释在本研究中，两组别之间在与工作记忆容量相关的语音工作记忆——侧重的是追踪项目的数量上的差异不明显，而在执行能力——侧重的是注意控制力上却存在着差异的原因，也很好地解释了执行能力和语音编码能力的高相关性，以及执行能力和语音编码下的音形通达子能力在聚类分析中被归为一类的原因。据此，我们有充分的理由做出推测，由操作广度任务测量的工作记忆执行能力或许可以替代 MLAT 中的语音编码能力，成为预测汉语听力水平的一个重要语言学能指标。

A Study on the Relationship between Work Memory and Chinese Listening Aptitude in East Asia

Chen Yu[1], *Wang Jimin*[2]

(1. *Zhejiang Normal University*; 2. *Beijing Language and Culture University*)

Abstract：This study is an examination of the relationship between phonological short-time working memory (PWM), executive working memory (EWM), phonetic coding ability (PCA), rote memory (RM) and listening proficiency of second language in both elementary and advanced adult L2 learners (East Asia students who use Chinese as second language, N = 50). The statistical results of the experiment showed that：First, compared with the lower level of L2 Chinese learners, the learners with higher Chinese listening level also have higher scores in EWM and PCA; Second, there was a significant positive correlation between EWM, PCA and RM. Third, there was no correlation between PWM, PCA and RM. Combining the theoretical and empirical results, we hypothesized that EWM as measured by operation-span task may replace PCA measured in MLAT and become an important predictor of Chinese listening level.

Key words：Language Learning Aptitude；Foreign Language Learning Aptitude Test；Individual Different；East-Asian Students Studying in China

参考文献：

[1] 温植胜，易保树. 工作记忆与二语习得研究的新进展 [J]. 现代外语，2015，38 (04)：565 – 574.

[2] Wen Z S, SKEHAN P, BIEDROŃ A, LI SF, SPARKS R L. Language Aptitude: Advancing Theory, Testing, Research and Practice [J]. System, 2019: 186-214.

[3] Hummel K M, FRENCH L M. 2016 Phonological memory and aptitude components: Contributions to second language proficiency [J]. Learning and Individual Differences, 2016: 249-255.

[4] Baddeley A D, HITCH G. Working memory. In G. A. Bower (ed.). The Psychology of Learning and Motivation [M]. New York: Academic Press, 1974, 8: 47-89.

[5] Baddeley A D. Working memory and language: An overview [J]. Journal of Communication Disorders, 2003, 36 (3): 189-208.

[6] Szmalec A, BRYSBAERT M, DUYCK W. Working memory and (second) language processing [M]. In J. Altarriba & L. Isurin (Eds.), Memory, language, and bilingualism: Theoretical and applied approaches. Cambridge: Cambridge University Press. 2012.

[7] Linck J A, WEISS D J. 2015 Can Working Memory and Inhibitory Control Predict Second Language Learning in the Classroom? [J]. SAGE Open, 2015, 5 (4).

[8] Winke P M. Individual Differences in Adult Chinese Second Language Acquisition: The Relationships among Aptitude, Memory and Strategies for Learning [J]. Dissertation Abstracts International, Section A: The Humanities and Social Sciences (DAIA), 2005, 66 (5): 1746.

[9] Hummel K M. Aptitude, phonological memory, and second language proficiency in nonnovice adult learners [J]. Applied Psycholinguistics. 2009, 30 (2): 225-249.

[10] Hummel K M, FRENCH L M. Phonological memory and aptitude components: Contributions to second language proficiency [J]. 2016, 51: 249-255.

[11] Wen Z S, SKEHAN P. A new perspective on foreign language aptitude research: building and supporting a case for "Working Memory as Language Aptitude" [J]. Ilha do Desterro. 2011, Vol. 0 (No. 60): 15-44.

[12] Wen Z S, ADRIANA B, SKEHAN P. Foreign language aptitude theory: Yesterday, today and tomorrow [J]. Language Teaching, 2017, 50 (1): 1-31.

[13] Linck J A, HUGHE M M, CAMPBELL S G, SILBERT N H, TARE M, JACKSON S R, SMITH B K, BUNTING, M F, DOUGHTY C J. Hi-LAB: A new measure of aptitude for high-level language proficiency [J]. Language Learning,

2013, 63 (3): 530 – 566.

[14] Carroll J B. The prediction of success in intensive foreign language training (final revision) [M]. Cambridge, MA: Laboratory for Research in Instruction, Graduate School of Education, Harvard University, 1964: 87 – 136.

[15] Robinson P. Individual differences and instructed language learning [M]. Amsterdam: John Benjamins, 2002: 113 – 133.

[16] Dörnyei Z, SKEHAN P. Individual differences in second language learning [S]. In C. J. Doughty & M. H. Long (Eds.), The handbook of second language acquisition. Oxford: Blackwell, 2003: 549 – 630.

[17] Spolsky B. Prognostication and language aptitude testing, 1925 – 62 [J]. Language Testing, 1995, 12 (3): 321 – 340.

[18] Carroll J B, SAPON S M. Modern Language Aptitude Test, Form A [S]. New York: The Psychological Corporation. 1959.

[19] Pimsleur P. Predicting Success in High School Foreign Language Courses [J]. Educational and Psychological Measurement, 1963, 23 (2): 349 – 357.

[20] Meara P. LLAMA Language Aptitude Tests. Swansea, UK: Lognostics, 2005.

[21] Carroll J B, BURKE M L. Parameers of paired-associate verbal learning: length of list, meaningfulness, rate of presentation, and ability [J]. Journal of experimental psychology, 1965, 69: 543 – 553.

[22] Carroll J B. Foreign language proficiency levels attained by language majors near graduation from college [J]. Foreign Language Annals, 1967, 2 (1): 131 – 151.

[23] Sasaki M. Relationships among second language proficiency, foreign language aptitude, and intelligence: A structural equation modeling approach [J]. Language Learning, 1993, 43: 313 – 343.

[24] Carroll J B. Cognitive abilities in foreign language aptitude: Then and now. In T. H. Parry, C. W. Stansfield (Eds.) [M]. Language Aptitude Reconsidered. NJ: Prentice Hall Regents, 1990.

[25] Mclaughlin B. Aptitude from an information-processing perspective [J]. Language Testing, 1995, 12 (3): 370 – 387.

[26] Miyake A, FRIEDMAN N P. Individual differences in second language proficiency: Working memory as language aptitude. In A. F. Healey & L. J. Bourne (Eds.)

[M]. Foreign language learning: Psycholinguistic studies on training and retention, Mahwah, NJ: Lawrence Erlbaum Associates, Inc. 1998: 339 – 364.

[27] Sawyer M, Ranta L. Aptitude, individual differences, and instructional design [M]. In P. Robinson (Ed.), Cognition and second language instruction, New York, NY: Cambridge University Press, 2001: 319 – 353.

[28] Baddeley A D. Working memory: Theories, models, and controversies [J]. Annual Review of Psychology, 2012, 63: 1 – 29.

[29] Gathercole S E. Nonword repetition and word learning: The nature of the relationship [J]. Applied Psycholinguistics, 2006, (27): 513 – 543.

[30] Miyake A, FRIEDMAN N P. The nature and organization of individual differences in executive functions: Four general conclusions [J]. Current Directions in Psychological Science, 2012, 21 (1): 8 – 14.

[31] Daneman M, PATRICIA A C. Individual differences in working memory and reading [J]. Journal of Verbal Learning and Verbal Behavior, 1980, 19 (4): 450 – 466.

[32] Turner J, ENGLE R W. Is working memory capacity task dependent? [J]. Journal ofMemory and Language, 1989, 28 (2): 127 – 154.

[33] 北京语言大学汉语水平考试中心. 实用中国语水平认定考试 [M]. 北京: 北京语言大学出版社, 2006.

[34] Attention &Working Memory Lab, School of Psychology, Georgia Institute of Technology.

[35] Gathercole S E, PICKERING S J, HALL M, PEAKER S M. Dissociable Lexical and Phonological Influences on Serial Recognition and Serial Recall [J]. The Quarterly Journal of Experimental Psychology Section A, 2001, 54 (1): 1 – 30.

[36] Carroll J B. The prediction of success in intensive foreign language training [A]. Training Research and Education [C], University of Pittsburgh Press, 1962, 87 – 136.

[37] Winke P M. An Investigation Into Second Language Aptitude for Advanced Chinese Language Learning [J]. The Modern Language Journal, 2013, 97 (1): 109 – 130.

[38] Robinson P. Aptitudes, abilities, contexts, and practice [A]. In R. DeKeyser (Ed.), Practice in a second language: Perspectives from applied linguistics and cognitive psychology [C]. New York: Cam bridge University Press, 2007, 256 – 286.

[39] Abrahamsson N, HYLTENSTAM K. The robustness of aptitude effects in near-native

second language acquisition ［J］. Studies in Second Language Acquisition, 2008, 30: 481 – 509.

［40］ Gathercole S, BADDELEY A. Working memory and language ［M］. Hove, UK: Lawrence Erlbaum Associates, 1993: 112 – 134.

［41］ Horn J L, STANKOV L. Auditory and visual factors of intelligence ［J］. Intelligence, 1982, （6）: 165 – 185.

［42］ Alexander P B, RANDALL W E. Attention Control: A Cornerstone of Higher-Order Cognition ［J］. Current Directions in Psychological Science, 2020, 29 （6）: 624 – 630.

基于语料库统计的表量构式[有得 VP]研究

王宏杰　李艳芝[*]

摘　要　基于语料库研究范式，本文讨论了现代汉语中［有得VP］构式的形式与语义特征。形式上，［有得VP］构式由三部分组成，动词"有"是该构式表义的基础来源；"得"的虚化为该构式的形成创造了条件；VP主要是单音节动词且动作性较强，其所支配的论元一般需要前置到整个构式前或不出现。意义上，［有得VP］构式的基本义是表存在，这与"有"字句表领有、存在的基本意义是相通的；同时，该构式还衍生出了多量义。表存在义的［有得VP］₁和表多量义的［有得VP］₂之间存在语义承继关系，二者之间通过多义联结进行承继。

关键词　［有得VP］；表量；存在义；多量义；构式承继

---

*　王宏杰，北京语言大学语言科学院硕士研究生；李艳芝，浙江师范大学国际文化与教育学院副教授，博士，研究方向：语言学。

一　引言

现代汉语存在一类大众喜闻乐见的 ［有得 VP］①构式，这一构式可以表达说话人对事件的主观态度，如：

例（1）其实对于护士同志们来说，有得 996 和调休都不错了。（微博用户"小阿姨洗铁路"，2021 年 4 月 30 日）

例（2）职场内卷多严重？连拔牙都有得卷！3 招助你破解内卷问题。（微博用户"职场研习社"，2022 年 1 月 10 日）

例（1）表示有 996 工作制度②和调休的机会就已经很满意了，即护士很忙，没有休息时间。例（2）表示"拔牙"这种痛苦的事都开始内卷了。

形式上，这类构式由三部分构件组成：动词"有"、结构助词"得"和谓词性成分 VP；意义上，这一构式的整体意义大于部分意义相加之和，是组构性（Compositionality）较低的典型构式（参见 Goldberg ［1 ~ 2］Traugott & Trousdale[3]；李艳芝[4]；李艳芝、吴义诚[5]等）。仔细观察，这类构式可以表达两种不同的语义：存在义与多量义。例如：

例（3）常德盛患有严重的胃病，不能多吃饭，又不能吃硬食、生食。他曾感叹："年轻时能吃没有得吃，现在有得吃又不能吃了。"（《人民日报》2000 年 8 月 30 日第 1 版）

例（4）其实，这些都是我们的传家宝，如果忘记了，丢弃了，不仅该打板子，而且苦头有得吃。（《人民日报》1990 年 6 月 14 日第 8 版）

例（3）中的"有得吃"和前文的"没有得吃"形成对比，表示现在生活水平提高了，有了"吃的东西"，具备了"吃"的条件。例（4）中的"有得吃"意为忘记了"传家宝"，就会造成严重的后果，要吃很多"苦头"。可见，这两例中的［有得 VP］在形式上相同（"得"有时也写作"的"）③，表义上却存在差异，例（3）表达存在义，例（4）则表达多量义。

在已有文献中，张大旗[6]、彭小川[7]、曹志耘（2001）[8]等学者在讨论方言中的"得"字句时提及了与之相关的［有得 VP］的句式，但未进行深入讨论，尤其对［有得 VP］的内部语义差异未做区分。谢英曾对"有的 + VP"这一格式进行分类与描写[9]，但未探讨该格式不同语义的来源及其相互关系。郝璐杰、陈昌来探讨了"有得"句的形成和演化过程，其中涉及了"有得 + NP""有得 + VP"及其他相关问题[10]，但也未就［有得 VP］的两类语义及其之间的关系做出分析。

本文主要采用语料库研究范式，分析［有得 VP］的使用情况及其两种表量义，探讨的问题主要包括：［有得 VP］是如何发展而来的？两种表量义的［有得 VP］分别有着什么样的特点？两者之间存在何种联系？

二 ［有得 VP]构式的使用情况调查

本文首先以"有得（的）"为关键词，在 CCL 现代汉语语料库中进行检索，通过分析和筛选后，共得到符合本文研究条件的语料约 257 条，也即［有得 VP］构式的例频（Token Frequency）为 257。根据［有得 VP］构式表量义的不同，本文将其标记为表存在义的［有得 VP]$_1$和表多量义的［有得 VP]$_2$两类。其中表示存在义的［有得 VP]$_1$有 196 条，表多量义的［有得 VP]$_2$有 61 条。此外，能进入［有得 VP］构式的 VP 的种类为 84 种，也即［有得 VP］构式的类频（Type Frequency）为 84。具体统计结果见表 1。

表 1　［有得 VP］构式的使用情况

VP	［有得 VP］₁	［有得 VP］₂	VP	［有得 VP］₁	［有得 VP］₂	VP	［有得 VP］₁	［有得 VP］₂
比	7	0	看	12	2	完	1	0
编	0	1	苦	0	1	玩	3	1
搏	1	0	快	1	0	下	2	1
唱	0	1	来	1	0	写	0	1
吃	44	7	懒	0	1	学	1	0
杵	1	0	聊	0	1	用	1	0
穿	1	1	买	3	0	长	1	0
吹	0	1	卖	10	0	挣	0	2
打	5	2	忙	1	6	煮	1	0
等	0	2	拿	1	0	住	2	0
睇	1	0	闹	1	2	赚	12	1
多	2	0	爬	1	0	走	1	3
发	2	0	拍	1	0	醉	0	1
烦	1	1	泡	1	0	坐	1	0
分	1	0	拼	10	1	做	6	2
干	5	0	瞧	0	3	扯皮	0	1
逛	1	0	瘸	1	0	成立	1	0
还	1	0	上	1	0	打趣	1	0
好	1	0	升	1	0	发作	1	0
喝	3	0	剩	1	0	改善	1	0
花	1	0	食	1	0	感受	1	0
换	1	0	受	0	5	快乐	1	0
活	2	1	睡	1	0	麻烦	0	1
拣	1	0	说	16	3	商量	2	0
讲	0	1	送	1	0	享福	0	1
接	1	0	弹	1	0	享受	0	1
借	1	0	挑	1	0	选择	3	0
侃	0	1	听	1	0	折腾	0	1

根据表 1 中的统计结果可见，VP 的使用特点表现在以下方面。

从音节特点看，［有得 VP］构式中的 VP 以生活中使用频率较高的单音节词为主，双音节词占比较少（共 13 个），且表现出明显的光杆倾向。这是因为，［有得 VP］倾向于口语语体，在使用上具有简洁、通俗的特点，光杆的单音节词更适合进入这一结构。

从 VP 的性质看，VP 可以是动词，也可以是形容词，但形容词的使用频率不高，我们检索到的用例中仅"好"（1 例）、"快"（1 例）、"懒"（1 例）、"快乐"（1 例）等几例。

从 VP 的及物性来看，VP 可以是强及物动词（如"吃""送""喝"等），也可以是弱及物动词（如"坐""睡""走""活"等）。进入［有得 VP］构式后，强及物动词所带的受事宾语通常会隐去或前置［如例（5）、例（6）］，前置时既可以置于整个［有得 VP］构式前［如例（6）］，也可以置于"有得"和 VP 之间，形成连谓结构，如"有得活儿干""有得苦头吃"等，但后一种情况的使用频率相对较低。受事宾语前置与［有得 VP］所凸显的重点有关，即侧重表达动作行为涉及的对象是否存在以及量的多少。同时，弱及物动词也能进入该构式，用以凸显动作行为本身的程度、持续时间等［如例（7）］。

例（5）吃水得到楼下提，晚上 12 时还在排队等水。洗衣服是头天打肥皂，第二天清洗，第三天才<u>有得换</u>。（CCL 语料库，报刊，1994 年报刊精选）

例（6）他说，这里的居民尽管要为"一室一厅"、为第二代的托养而艰苦奋斗，但是"<u>饭总是有得吃的，衣总是有得穿的</u>"。因此，对一部分知识分子说来，"饱暖思刻深"，"一心巴望能深刻地读书并读出点深刻来"。（《读书》1991 年第 11 期）

例（7）世海也像我父亲说的那种小年轻，以为自己太年轻了，<u>有得活</u>呢，不那么容易死。（严歌苓《寄居者》）

从统计结果看，［有得 VP］构式中的 VP 具有较强动作性[④]，其中使用频率最高的动词有：吃（51 例）、说（19 例）、看（14 例）、赚（13 例）、拼（11 例）、卖（10 例）。以排名前三的动词为例：

例（8）我没有想那么多！没关系，我会再送一袋米来，那么，你也有得吃，鸡也有得吃！（琼瑶《水云间》）

例（9）和珅知道，这个是他将来万一要遇到皇上，攀谈两句的时候我有得说，我对皇上非常了解，谁能比我更了解？（CCL 语料库，电视电影，《百家讲坛》）

例（10）图书馆的报纸，只能看不能拿走，白天有得看，晚上回家却没得看，哪里抵得上自己有好！看和保存都很方便。（《人民日报》1993 年 12 月 11 日第 1 版）

从使用频率来看，出现在［有得 VP］结构中的动词多为使用频率较高的动词，即多是与日常生活息息相关的行为动作动词。在收录了56008 个常用词的《现代汉语常用词表》中，按照使用频率排，"吃"排第 184 位，"说"排第 15 位，"看"排第 1660 位，"赚"排第 3604位，"拼"排第 4700 位，"卖"排 573 位[11]。

三　［有得 VP]构式的形式与语义特征

根据统计调查发现，［有得 VP］的两个下位构式［有得 VP］$_1$ 与［有得 VP］$_2$ 在形式与语义上均表现出不同的特点。具体可以从"有得"与 VP 之间的紧密程度、整个构式受"可""没"修饰的情况、两种语义（即存在义与多量义）的鉴别三方面展开。

（一）［有得 VP］$_1$ 与［有得 VP］$_2$ 的内部紧密程度

通过统计可见，［有得 VP］$_1$ 中"有得"和"VP"之间可以插入"一""可""好"等词，但一般不能添加其他句法成分，具体情况见表2：

表 2　［有得 VP］₁结构内部可插入成分的使用情况

可插入的词	一				可					好		
VP	拼	比	博	看	说	拍	学	分	感受	烦	看	升
用例数目	10	6	1	1	3	1	1	1	1	1	1	1

部分用例如下：

例（11）她草草地扎着一个马尾，头发非常长，估计放下来能到腰间，但是养得并不好，头顶有点毛。一双眼睛大得和赵薇有得一拼。（李可《杜拉拉升职记》）

例（12）他们要是没有个营生，不拿房租也还有的可说。（老舍《哀启》）

例（13）就是这样，这两年还是升了不少，而且，大家都说还有得好升，那天杨瑞不就说今后两年会升得更快嘛！（李可《杜拉拉升职记》）

例（11）中，杜拉拉的"眼睛大"是她可以和赵薇比拼的条件，让她有了和赵薇比的可能性。例（12）、例（13）中的"可"和"好"均表示"可以"的意思，在［有得 VP］₁中修饰 VP，但也可以去掉，不影响句子的结构和意义。

而［有得 VP］₂中"有得"和 VP 之间的关系则更为紧密，一般不插入任何成分，检索的语料中只有 5 例能插入指称人物的代词或名词，例如：

例（14）"等会有得你瞧！"乐秋心白他一眼。（梁凤仪《激情三百日》）

例（15）你想，这样的机构若是掌握在邪恶政权之手，那就有得民众们受苦受难了。（杨恒均《揭秘西方国家比间谍更神秘的人》）

从本文统计的语料看，这些可插入的词中，第二人称代词"你"的频率最高（有4例），一般作为VP的施事进入"有得"和VP之间。除了上述例（14）外，还有"有得你享福""有得你走""有得你受"这3例。整体而言，［有得 VP］₂内部可插入的成分比［有得 VP］₁更为受限。

（二）［有得 VP］₁与［有得 VP］₂受"可""没"修饰的情况

首先，［有得 VP］构式可受到"可"的修饰，然而"可"插入的位置不同，承担的功能就不同，整个构式的表义也不同。试比较：

A组 ［有得可 VP］	B组 ［可有得 VP］
有得可说	可有得说（了）
有得可拍	可有得聊（了）
有得可学	可有得吹（了）

A组的"可"用来修饰紧随其后的动词"说""拍""学"，在语义上表示"可能""可以"，词性为"［动］助动词"，这一组为表存在量的［有得 VP］₁。B组中的"可"用来修饰整个［有得 VP］结构，语义上起强调作用，"可"的性质为"［副］表示强调"，这一组为表多量的［有得 VP］₂。

其次，［有得 VP］₁可以前加否定副词"没"，构成［没有得 VP］或者［没得 VP］，表示否定某事物的存在，例如：

例（16）再不抱，等会儿就**没得抱**了。（周而复《上海的早晨》）

例（17）我的皮衣服就七八套呢，从珍珠皮旗袍到灰背外套都全的，现在自己倒**没得穿**！（钱钟书《围城》）

而表达多量义的［有得 VP］₂则不能简单地使用"没"进行否定。从量的角度来看，否定小量来表达否定全量（如"一本书没买"，表达没买书），但是否定大量可能是为了表达少量或者仅仅存在的小量（如"我没有买很多书"，表示可能只买了几本或一本等），即造成语义模糊不清。再看以下两例：

例（18）*其实，这些都是我们的传家宝，如果记住了，传承好，不仅不会挨板子，而且苦头<u>没有得吃/没得吃</u>。

例（19）*上去时兴致蓬勃，唯恐山径虽长不敌脚步之健。事实上呢，山路并不长，<u>没有得走哩/没得走哩</u>。因此凡来游的都快乐地努力地向前走。

例（18）和例（19）均是对语料库中［有得 VP］$_2$用例的改写。例（18）原句表达的是"如果将传家宝忘记了、丢掉了，苦头就有得吃"，变换后，将"苦头有得吃"改成了"苦头没有得吃"，在语义上不通。同样地，例（19）原句表达的是"好一座大山，且有得走哩"，变换后得到的结果"没有得走"在语义上也不自然。

（三）［有得 VP］$_1$与［有得 VP］$_2$的表量义类型鉴定

根据前文讨论，现代汉语中［有得 VP］构式根据表量义类型的不同可以分为表存在量的［有得 VP］$_1$和表多量的［有得 VP］$_2$。一般来说，典型的存在量与多量义的构式区分较为明显[⑤]，例如：

例（20）过去总觉得天塌了有大个顶着，企业亏了有国家包着，饭总<u>有得吃</u>。现在不同那么回事了！（CCL 语料库，报刊，1994 年报刊精选）

例（21）我站起来看着一桌子几乎未动的饭菜，冲一边靠墙站着的服务员们喊："你们家里人晚上可<u>有的吃</u>了。"（王朔《给我顶住》）

例（20）中的"饭总有得吃"是指不管如何，生存下去的条件还是存在的，这里的"有得吃"显然不是表达多量义。而例（21）中，结合语境的信息"一桌子几乎未动的饭菜"，可知剩菜很多，也即能让服务员打包带给家里人吃的菜很多，这里的"有的（得）吃"具有多量义。

然而在统计到的材料中，依然存在一些较难区分两种语义的用例，即较难区分［有得VP］₁和［有得VP］₂。如：

> 例（22）这是13亿人最有口福的时代，米袋子、菜篮子供给能力空前提高，不分东西南北，不分春夏秋冬，不分贫富高低，琳琅满目的食品，人们都有的吃、随意挑，而且食品安全问题正得到政府更多的重视。（《人民日报》2012年1月19日第17版）
>
> 例（23）现在大家都有钱了，大家有得吃了，大家生活上提高了，提高以后怎么样？就开始想别的了，想到怎么样巩固自己已有的利益，想到怎么样巩固自己已有的特权，想到怎么样扩大自己的特权。（百家讲坛2005年5月25日，方尔加《儒道之争》）

例（22）中"有的吃、随意挑"意味着在人们"最有口福的时代"，国家有能力提供可供人们吃的、挑选的东西，而且东西很多，这里的"有的（得）吃"兼具表存在义和大量义的功能。同样，例（23）中的"有得吃"也既可表存在义（"存在可以吃的东西"），又可表大量义（"有很多可以吃的东西"）。

［有得VP］₁和［有得VP］₂两种量级语义之间的关系，符合认知加工从"存在小量"到"多量"的发展过程，这也是语言历时演变的结果。同时，两种语义并存也是语义多功能性的表现。

四　［有得VP］构式的历时演变

［有得VP］构式在形式上不断稳定，意义上"从有到多"的量级变化是语言历时演变与语义多功能性的共同表现。

（一）形式的产生：［有得 VP］各构件间的组合

郝璐杰、陈昌来（2021）对"有得"句的形成和历史演变过程做过研究。研究发现，"有"和"得"在先秦两汉的文献中已出现连用的情况[10]：

例（24）夫环而攻之，<u>必有得天时者矣</u>，然而不胜者，是天时不如地利也。（战国·孟子《孟子》）

例（25）海内之所仇，<u>未有得久安者也</u>。（东汉·佚名《全汉文》）

在上述用例中，"有"和"得"尚未处在同一句法层次上，例（24）应当分析为"必有 + 得天时者"，例（25）则是"未有 + 得久安者"。

而在同一时期的文献中，"无得 VP"的用法也已出现。"无得 VP"是对"得 VP"的否定，"得"原本是表获得义的动词，在《左传》中，"得"后已经能够带动词作宾语，"得"的意义也开始虚化，如：

例（26）若以大夫之灵，<u>得保首领</u>以没；先君若问与夷，其将何辞以对？（春秋·左丘明《左传·隐公三年》）

例（26）中的"得保首领"可以理解为"能够保住性命"，"得"可视为表示可能性的助动词。当"得 VP"作动词"无"的宾语时，"无"表示对动作行为的否定，其中的 VP 既可以是动宾结构的短语，也可以直接是动词。例如：

例（27）孟春既至，农事且起。大夫<u>无得缮冢墓</u>，理宫室，立台榭，筑墙垣。（春秋·管仲《管子·轻重甲》）

例（28）农<u>无得粜</u>，则窳惰之农勉疾。商不得籴，则多岁不加乐。（战国·商鞅《商君书·垦令》）

尽管在先秦文献中已经出现了"有得"，但并未产生与"无 + 得 VP"对应的"有 + 得 VP"结构。这是因为"无"在信息传递中起着重要的作用，在意义表达上是对"得 VP"的否定。而作为实义动词的"得"（获得义）和"有"（领有义、存在义）意义相近，都是对事物存在、事件发生情况的肯定，因此"有得"的连用会显得多余。

到了近代汉语中，随着"得"的虚化，"有得"连用的句式便可进行多重分析：

例（29）大凡人<u>有得些小物事</u>，便觉累其心。（南宋·朱熹《朱子语类》）

例（29）中的"有得些小物事"既可以理解为"获得、得到"些小物事，也可理解为"拥有"些小物事，前者将"得"理解为实义动作动词，相比而言，后者的"得"动作性虚化。这种双重分析的可能性，为将"有得"重新分析在同一句法层次创造了条件。蒋绍愚认为唐诗中的"得"有动词"有"的用法，并指出"南宋人已经不知道'得'字的这种用法了"[12]。可见"得"义的虚化在宋代得到了更进一步的发展，且"得"的虚化让"有"进入"有得 VP"格式显得更有价值。

宋代的文献中除了有"有得 + NP"的用法［例（29）］外，也出现了"有得"和谓词性成分 VP 连用的情况：

例（30）刘公平旦往，少顷果有道流三人到，引满饮酒，谈谑极欢，旁若无人。良久曰："世间还<u>有得似我辈</u>否？"一人曰："王十八。"遂去。（北宋·李昉等《太平广记》）

例（31）会有新罗僧能相人，言张公不得为宰相，甚不快，因令使院看诸判官<u>有得为宰相</u>否。（北宋·李昉等《太平广记》）

例（30）和例(31) 虽然表现出了"有得 VP"的搭配格局，但仔细观察可以发现，"有"和"得"仍未处在同一层次上，上述两例中的"有得 VP"的用法均处在"有……否"的环境中，是对中间的"得 VP"进行提问，类似于现代汉语中"有没有能够 VP"的表达。这类结构虽然在表义上与现代汉语中的［有得 VP］构式存在差异，但其在形式上为［有得 VP］的形成奠定了基础。

再来看"无得 VP"的演变。"无得 VP"的用法从先秦到唐代一直存在。到了唐代，"无"的部分含义和用法被"没"替代（太田辰夫，1958）[13]。同时，受到语音演变的影响，"无"在虚化过程中语音发生促化变成了"没"[14]，书写形式上"没"也开始替换"无"。根据沈阳、史红改[15]的研究，从内部看，随着"得"意义的发展，"无 + 得 VP"逐渐重新分析为"无得 + VP"，表示对动作本身或其条件的否定，并突出或只表示"不可、不能"等情态义。宋元之际，原本"无得 VP"结构开始变成"没得 VP"，其中"没得"表示"不成、不能、不可"义，例如：

例（32）既是这等，俺不要在这里。喜酒没得吃，还要惹场没趣，不如回去了罢。（元·佚名《两军师隔江斗智》）

同时，在元代，［没得 VP］在使用过程中类推出了与之相对的［有得 VP］[16]，在意义上则表示"存在……的条件""具有……的可能性"，即本文所标记的［有得 VP］₁，例如：

例（33）玉莲就比我小时节，只要有得吃……这等人家不嫁，倒去嫁穷鬼？（元·柯丹邱《荆钗记》）

例（33）中的"有得 VP"已经和现代汉语中的［有得 VP］₁构式表义相同，即表存在量。且"得"和"的"在元代从原来的不同音变为同音[15]，造成了"得""的"的混用，出现了"没的 VP"和"有的

VP"的用法，并一直延续至今。

基于上述讨论可见，［有得 VP］构式的产生，一方面是"有""得"连用为其提供了基础条件，另一方面也受到"没得 VP"类推的影响。前者使其在形式上具备了［有得 VP］的格局，后者使其经过重新分析后得到了相匹配的意义，最终让［有得 VP］成为现代汉语的常用构式。

据此可见，［有得 VP］构式的产生路径可以描述为：

图 1　　［有得 VP］构式的演变路径

以上是［有得 VP］形式上的历时演变情况。

（二）表量义的发展：存在量与多量之间的语义承继关系

本文的另外一个问题是，［有得 VP］₁和［有得 VP］₂之间的语义承继关系如何？

Goldberg 指出构式之间的承继关系是一种在语义和句法上相连的构式之间的理据性关系，也就是说，如果构式 B 承继了构式 A 的特征，那么构式 A 就是构式 B 存在的理据。她还指出，承继联结（Inheritance links）是承继关系的客观体现，是构式间产生关系的重要纽带，主要有以下四种：（1）多义联结（Polysemy Links），构式的基本意义和拓展意义之间的关系；（2）子部分联结（Subpart Links），一个独立存在的构式是另一个构式的子部分；（3）实例联结（Instance Links），一个构式是另一个构式的具体实例；（4）隐喻拓展联结（Metaphorical Extension links），两个构式通过隐喻映射相联系。[1]

基于这一认识，［有得 VP］₁和［有得 VP］₂之间的联系应属于在基本义的基础上引申出拓展义的多义联结。据我们对语料的观察，元代开始，［有得 VP］表存在量义与表多量义的用法均已出现，虽然使用频率较低，但其用法已与现代汉语中的用法基本一致。表存在量的［有得 VP］₁见例（33），表多量的［有得 VP］₂见例（34）和例(35)：

> 例（34）三口儿都活了，这喜酒我有的吃哩。（元·王晔《元曲选·桃花女》）
>
> 例（35）若许了这亲呵，你居兰堂，住画阁，重裀卧，列鼎食，有的受用哩。（元·王晔《元曲选·桃花女》）

例（34）中的"有的（得）吃"不光有表示"有喜酒吃"的存在量义，同时还隐含着多量义。对多量义的解读是通过"三口儿都活了"来激活的，意味着"三喜临门"，所以"吃喜酒"的机会也多了。例（35）中"有的（得）受用"也有表示多量的含义，可以通过前文"居兰堂，住画阁，重裀卧，列鼎食"的一系列描述来说明许亲之后可以享受的方面、得到的好处有很多。

通过对例（34）和例(35)的分析，我们发现，表多量义的［有得 VP］₂同时也蕴含着表存在量的意义，也正是先要"有"才能"多"，这一认识在前文比较［有得 VP］₁和［有得 VP］₂的特点时也已明确。基于此可知，［有得 VP］₁和［有得 VP］₂之间存在一种意义的引申关系，即构式义的承继关系（Constructional inheritance）。这种承继关系是基于以下认知产生的。

第一，"有"在认知加工过程中出现了表示多量的意义。王文斌、张媛在讨论"有"的语义时曾指出，从存在义到领有义的发展，是客体主体化认知发展的结果，是语言的主观化过程。当"存在"的主观化达到最高程度时，"有"的语义就发生了质的变化，产生了"领有"义。而随着人的主观性进一步增强，人从对客体的认知加工会发展到将自己的主观性赋予客体；当这种主观性达到一定程度时，"有"的语义主观性也随之增强，从而与人类对"大、多"的渴求发生融合[17]。

第二，"有"字所在的构式为其提供了多量义。李静波在讨论"有N"构式的程度义来源时指出，"有"字句要求的表多表好的语义倾向和 N 所具备的表高大义的特点使得"有 N"构式最终获得了"量大、程度高"的意义[18]。同样的，我们对［有得 VP］构式中的 VP（动词）进行分析，也能发现其所具有的量级特点。一方面，该动词所支配的受事宾语往往蕴含着数量多少的特点，另一方面该动词本身表示的动作行为也具有表示持续长短、程度深浅的意义。前者如"吃""赚"等强及物动词，"吃"和"赚"都能通过受事体现出"吃得多/少""赚得多/少"；后者如"（忍）受""忙"等弱及物动词，可以通过本身的程度深浅表达"受""忙"的程度。当能够表量级的 VP 进入［有得 VP］构式后，就能激活其表示多量的意义，激活的条件则取决于其所处的语境。

上述两种认识都有助于我们理解［有得 VP］₁向［有得 VP］₂演变的过程，这种变化更多是一种逻辑上的先后而非历史上的先后。沈家煊曾指出，"逻辑先后最好跟历史先后相吻合，但是并不因为跟历史先后不合而被否定"[19]，这可能就是表存在量的［有得 VP］₁和表多量的［有得 VP］₂在历史上几乎同时出现的原因。

五 结语

［有得 VP］构式是现代汉语中较为常见的一类表达方式，该构式具有简洁、通俗的特点，因而更倾向于出现在口语中。

在构件成分方面，［有得 VP］构式由动词"有"、结构助词"得"和谓词性成分 VP 构成。动词"有"作句子谓语时最基本的用法是表示领有和存在，是［有得 VP］构式表存在义的基础。结构助词"得"经历了"动词→助动词→助词"的演变历程，意义不断虚化；谓词性成分 VP 主要是表动作性的单音节动词，支配论元的能力较强，其受事宾语通常出现在［有得 VP］构式之前。"有""得""VP"三者之所以能够组合形成［有得 VP］构式，一方面与"无 + 得 VP"的重新分析有关，另一方面也受到对"没得 VP"类推的影响。

在构式意义方面，[有得 VP] 构式的基本义是表示存在量，本文记作 [有得 VP]₁，其构式义可以被概括为"存在 VP 的对象，或具备 VP 的条件"。[有得 VP] 在特定的语境中也具有表示多量的作用，多量义的产生一方面与"有"在认知上经历的主观化过程有关，另一方面也与 [有得 VP] 构式本身的特点有关。[有得 VP]₂的构式义可概括为"VP 的对象数量多，或 VP 持续的时间长、程度深"，它和 [有得 VP]₁ 之间通过多义联结相联系。

注释：

①本文的 VP 代表谓词性成分，包括动词性成分和少数几个形容词性成分。

②996 是近些年的网络新词新语，指 996 工作制度，即早上 9 点上班、晚上 9 点下班，中午和傍晚休息 1 小时（或不到），总计工作 10 小时以上，并且一周工作 6 天的工作制度。这一制度，反映了中国互联网企业盛行的加班文化。

③现代汉语中，"有的 VP"有两种结构形式，一种是与本文研究对象"有得 VP"结构相同"有的 VP"，这是由"得"和"的"书写形式的混用造成的；另一种是主谓结构的"有的 VP"，其中"有的"是指示代词，表示"人或事物中的一部分"，VP 为谓语，例如：

元旦晚会上，同学们有的唱歌，有的跳舞，有的……。

本文不讨论主谓结构"有的 VP"，语料中出现的"有的 VP"均为"有得 VP"的混用形式。

④事实上，前文提及的 4 例形容词用例在句子中也能诠释出一定的动作性特征。例如：

（1）我在台湾也没有得好，就参加了一波一波的所谓的前瞻训练，就是训练新兵。（CCL 语料库，电视电影，李敖有话说）

（2）现在一听到了这一个提议，自然是心里急跳了起来，两只脚便也很轻松地跟他出发了，并且还只怕翠花要出来阻挠，跑路跑得比平时只有得快

些。（郁达夫《我的梦，我的青春》）

（3）咱们的二小子，干活可<u>有得懒</u>，你可要多多地，给他提意见！（刘震云《故乡天下黄花》）

（4）因为我放心也罢，不放心也罢，我的太太在我出门的当儿，<u>有得快乐</u>总是要快乐的。所以这叫作半斤对八两，以其人之道还治其人。［方平（译）《十日谈》］

（3）中的"懒"可以解释为"偷懒"，（4）中的"快乐"有"体验快乐""享受快乐"义，两例形容词的动作性较为明显。（1）和（2）中的形容词虽然动作性并不明显，但可以与动作动词进行关联解释，"好"是在说"过得好"，"快"是在说"跑得快"。

⑤［有得 VP］构式的这种多义性在汉语方言中也存在，在一些方言中甚至可以通过语音形式的差异将两类［有得 VP］区分开来，如：

（5）金华汤溪方言：a. 渠钞票有得［tei^{33}］用猛。（他钱有得花。）｜ b. 我酒有得［tei^{24}］吃。（我有的是酒喝。）（曹志耘，2001）[8]

根据作者的注释，可知（5a）中的"有得用"为表存在量的［有得 VP］$_1$，（5b）中的"有得吃"是表多量义的［有得 VP］$_2$，两者的差异可以通过"得"的读音体现出来。

The Corpus-Based Study on Quantitative Construction ［*yǒu de* VP］

Wang Hongjie，Li Yanzhi

（*Faculty of Linguistic Sciences，Beijing Language and Culture University；College of International Education，Zhengjiang Normal University*）

Abstract：Based on the corpus investigation，this paper studies the syntactic and semantic features of the frequently used construction ［*yǒu* deVP] in Modern Chinese. Syntactically, the verb*yǒu* 有 contributes the basic meaning "to exist" to the construction, which means the basic meaning of the construction [*yǒu de*VP] derives from the meaning of*yǒu* 有 . The *de* 得 is grammaticalized from the notional verb*dé* 得 which originally means "to acquire something" in Old Chinese. Most VPs in the construction are monosyllabic verbs indicating strong action, and the patient objects of VPs usually precede to the whole construction or are omitted. Semantically, there are two types of [*yǒu de*VP], namely [*yǒu de*VP]₁ expressing the meaning of existence and [*yǒu de*VP]₂ denoting the meaning of large quantitative. Moreover, the way of semantic inheritance of [*yǒu de*VP]₁ and [*yǒu de*VP]₂ is polysemy links in Construction Grammar.

Key words：[*yǒu de*VP]；Quantity；Existential；Large Quantitative；Constructionalinheritance

参考文献：

[1] Goldberg, Adele E. 构式：论元结构的构式语法研究 [M]. 吴海波译. 北京：北京大学出版社，1995/2007：4，69 - 78.

[2] Goldberg, Adele E. 运作中的构式：语言概括的本质 [M]. 吴海波译. 北京：北京大学出版社，2006/2013：5.

[3] Traugott, Elizabeth Closs&Trousdale, Graeme. 构式化与构式演变 [M]. 詹芳琼，郑友阶译. 北京：商务印书馆，2013/2019：30.

[4] 李艳芝. 汉语中的构式化现象与构式宾语研究 [D]. 杭州：浙江大学博士学位论文，2015.

[5] 李艳芝，吴义诚. [V + 非受事 NP] 表达式的构式演变 [J]. 现代外语，2018，41（02）：147 - 160.

[6] 张大旗. 长沙话"得"字研究 [J]. 方言，1985（01）：6 - 63.

[7] 彭小川. 广州话的"有得（冇得）"句 [J]. 暨南学报（哲学社会科学版），1996（04）：141 - 147.

[8] 曹志耘. 金华汤溪方言的"得" [J]. 语言研究，2001（02）：23 - 29.

[9] 谢英. 关于"有的 + VP" [J]. 语言研究，2003（03）：37 - 42.

[10] 郝璐杰,陈昌来."有得"句的形成、演化及相关问题 [J]. 语言研究,2021,41 (02):1 – 8.

[11]《现代汉语常用词表》课题组.现代汉语常用词表（草案）[M]. 北京:商务印书馆,2008.

[12] 蒋绍愚.唐诗语言研究 [M]. 北京:语文出版社,2008:270 – 271.

[13] 太田辰夫.中国语历史文法 [M]. 蒋绍愚,徐昌华译.修订译本.北京:北京大学出版社,1958/2003:278.

[14] 潘悟云.汉语否定词考源——兼论虚词考本字的基本方法 [J]. 中国语文,2002 (04):302 – 309 + 381.

[15] 沈阳,史红改.现代汉语否定性无定代词"没的" [J]. 当代语言学,2018,20 (02):179 – 194.

[16] 杨正超.汉语中否定词"没得"的来源及其演变方向——以唐河方言为例 [J]. 宁夏大学学报（人文社会科学版）,2011,33 (03):36 – 42.

[17] 王文斌,张媛.主观化视角下的"有"义及其用法探讨 [J]. 外国语（上海外国语大学学报）,2019,42 (05):2 – 12.

[18] 李静波.程度义"有 N"结构的实证研究 [J]. 语言教学与研究,2020 (03):91 – 101.

[19] 沈家煊."逻辑先后"和"历史先后" [J]. 外国语（上海外国语大学学报）,2008 (05):91 – 92.

持续体标记的来源与演化研究

——基于语言共性与个性的研究视角*

鲁志杰 李佳乐**

摘 要 持续体可分为两类：进行体和延续体，分别表示动作、状态的持续，持续体标记的来源主要有方位词、动词和伴随结构等形式。从历时角度上看，持续体标记"着"与"中"存在语法化路径、语法化机制和语法化程度的差异，从共时层面来看，二者在补充音节、描述动态过程状态和指明不久会发生变化等方面不能替换使用。

关键词 体；持续体；语法化

一 引言

"体"（Aspect）是人类语言中重要的语法范畴，在世界语言中的分

---

* 基金项目：2020 年度国际中文教育研究课题青年项目"基于'功能—领域—形式'的中文教学模式研究"（项目编号：20YH27D）成果，北京语言大学优秀博士学位论文培育计划资助项目成果。

** 鲁志杰，浙江师范大学国际文化与教育学院讲师，博士，研究方向：语言学及应用语言学；李佳乐，北京语言大学汉语国际教育研究院博士研究生。

布十分广泛。17 世纪，体首次作为语法术语出现于斯拉夫语，最早将时和体区分研究的是俄国语言学家 Nikolaj Greĉ，他将体定义为"行为的环境"（Circumstances of the Action）[1]，在日耳曼语中，体被称作 Aktion-sart，表示行为的方式[2]。在普通语言学中最早对体做系统研究的是 Comrie，他认为体表达了对情状的内在时间构成所采取的不同的观察方式[3]。

对于体范畴的研究一直是语言学界较为热门的课题，涌现了很多研究成果。关于体的研究在概念内涵、系统分类上虽已有一定讨论，但还未形成一致性的结论，仍处于探索阶段，由于研究角度和目的的不同，学者们对于体范畴的认知可从以下几个角度进行概括。一是从动作过程或事件状态的角度来描述体的概念。吕叔湘将体称作"动相"，指"一个动作的过程中的各种阶段"[4]，王力将描述事件状态的体称作"情貌"，简称貌[5]，高名凯认为体侧重于动作或历程在绵延的段落中所处的状态[6]。二是从情状内部时间结构的角度来认识体这一概念。在 Kaplan 看来，体是情状内部时间结构的语法表达[7]，陈平试图全面阐释与时间性相关的语法现象，将现代汉语时间系统分为了三个主要部分，分别是句子的时相（Phase）结构、句子的时制（Tense）结构和句子的时态（Aspect）结构，他认为体（时态）涉及情状内部时间结构的观察方法和表现角度[8]。三是从事件结构的不同观察视角展开体的讨论。Comrie[3] 和 Smith[9][10] 在对体进行定义时，采用了事件内部和外部两种观察视角，戴耀晶也建议从事件的角度界定体的范畴，认为"体"是"观察时间进程中的事件构成的方式"[11]。前两种对"体"概念的讨论主要是围绕时间、动作或情状等进行的，事实上，体的特性不仅与动词相关，更与谓语的整体有关，从事件结构理论出发，将体视为一种观察事件的视角，更能动态地描述事件过程与阶段。

目前有很多关于持续体和进行体的讨论，最早对二者做区分性研究的是 Comrie，他认为持续体可进一步分为进行体和非进行体，分别用于动态动词和状态动词[3]。持续体和进行体的概念在汉语中是无明显区分的，对于助词"着"，王力[5]、高名凯[6]称之为进行体，而石毓智[12]、龚千炎[13][14][15]和戴耀晶则谓之为持续体[11]。本文以"理论内涵"为出发点，讨论持续体和进行体的异同，在运用研究上对汉语的体标记"着""呢""中"进行比较分析，旨在讨论持续体的研究热点、研究方法和理论建构等问题，以期促进汉语体范畴研究的发展。

二　关于"持续体"和"进行体"概念的讨论

Comrie 首次将体作为普通语言学的问题进行研究[3]，对体的概念、时体的区分、体的表达等重要问题展开了充分地讨论，并在二分对立的基础之上建立了体的系统：

图 1　Comrie 建立的体系统

Comrie 将进行体（Progressive）视为持续体（Continuous）的下位概念，并认为进行体是进行的语义与非静态语义的结合，表达的是动态变化过程，非进行体所表达的则是静态的持续，钱乃荣称非进行体为"延续体"，表示"动作行为实现后其状态在延续或存在"[16]。上述的研究为我们深入探讨持续体的问题提供了有益的启示，认为持续体的层级可描述为：

图 2　持续体的层级关系

进行体和持续体虽都是对动作或状态的描述，持续体（Continuous）包括行为动作的持续（动态地进行，等同于进行体），又包括状态的持续，既可以用于动态谓语，也可用于静态谓语，而进行体（Progressive）则只适用前者，只跟动态谓语组配。"动作"与"状态"是谓词所固有的语义属性，吕叔湘很早就注意到了"动作"与"状态"的对立，并进一步指出"动作完成就变成状态"[4]，高顺全认为持续的动作本身也可以看作一种状态，一个动作在持续之中，往往呈现一种静止的状态[17]，而我们则认为有时动作开始就意味着状态的产生，二者在一定程度上是同步进行的。试比较：

（1）a. 墙上挂着画儿。

b. 一面说着，一面哭着。

例句（1）a 是存在句，结构为"NL + V + 着 + O"，表达的是动作结束后，"画儿"存在状态的持续，（1）b 在"说"和"哭"的动作开始进行时，人物的状态也随之表现出来，动态更强，但在分析时，仍将（1）a 和（1）b 两个例句处理为延续体和进行体。不同的体与动词词组的关系一直是学者们比较关注的问题，最早系统地从体的类别角度对动词进行分类的是 Vendler，他根据［±终结性］［±持续性］［±同质性］［±间隔性］等事件结构特征将动词划分为状态（States）、活动（Activities）、完成（Accomplishments）和成就（Achievements）。[18] 在汉语中，持续休概念的表达通常需借助词汇的手段，进行体通常用助词"正、正在、在、呢"表示，延续体主要用助词"着"表示。

三　类型学视角下的持续体标记的来源与演化

持续体标记的生成过程十分复杂，从世界语言的角度来看，其来源主要有方位词、动词和伴随结构等形式，下面我们分几个角度进行讨论。

（一）动态过程动词语法化为表示持续体功能的助动词

1. 位移动词（"来/去"）语法化为持续体标记

吴福祥论述了中古、近代汉语"来"的语法化路径："至"义趋向动词→趋向补语→动相补语→持续体标记。[19] "来"的本义为"由彼处至此处"，是表示位移的动词，在中古时期，常出现于"V（+NP）+来"结构中，表施事位移，有时 V 前用介词短语标明位移的起点或终点，如：

（2）客试使驱来。（《世说新语·排调》）

（3）沙门瞿昙，今至我家乞食来耶？（东晋瞿昙僧伽提婆译《中阿含经》）

在"V+来（+NP）+VP"结构中，谓语"VP"为自主性弱、非可控的谓词性成分，此时的"来"不再表示位移，可分析为动相补语或动态助词，如：

（4）赋来诗句无闲话，老去官班未在朝。（张籍《赠王秘书》）

由于常出现于静态动词之后，"来"语法化为了持续体标记，如：

（5）骢马新凿蹄，银鞍被来好。（杜甫《送长孙侍御赴武威判官》）

吐克皮辛皮钦英语（Tok Pisin PE）的"igo"最初是动词，表示"去"的意思，后语法化为持续体标记，强调延续的状态，（转引自 Sankoff1979：44-45[20]）：

（6）a. oligo wok finis…

他们上班去了……

b. Em isave pilei long das tasoligo igo…

他可能一直在灰尘里玩……

2. 过程动词（"居住/停留"）语法化为持续体标记

吐克皮辛皮钦英语（Tok Pisin PE）的动词"istap"原本表示"停留"，后发展为表示动作的进行或行为状态的延续。例如（转引自 Sankoff[20]）：

（7）na em wanpelaistap long haus ah，…

接着他独自停留在家哦

接着他独自一个人留在家里哦，……

（8）Ol kaikaiistap nau， disfela meri go insait.

他们吃停留时候这女人去里面

他们在吃饭时，这个女人走了进去。

（二）姿势行为动词语法化为表示持续体功能的助动词

人体相关的姿势动词"躺""坐""站"等词较容易发展演变为持续体标记。朝鲜语的动词"cappaci‐"（躺）经过语法化成为表进行体助动词。[21] 例如：

（9）ku salam‐I pang-ycappaci （‐e）‐ iss-ta.

定冠词人‐主格房间‐方所格躺（俚俗）（阴性）‐系动词‐直陈语气

那人在房间里躺着。

（10）ku salam‐ un pwulpyeng ha‐ kocappaci e—iss‐ta.

定冠词人‐话题标记抱怨做连词躺（俚俗阴性系动词‐直陈

语气

那人在抱怨。

吉打州马来语（Kedah Malay）表示"坐、停留"含义的动词"dok"语法化后成为持续体标记。例如（转引自 Rajak[22]）：

（11）Aku<u>dok</u>　rumah　Chat　kemarin.

我停留：过去时房子　Chat　　昨晚

我昨晚在 Chat 的家里。

（12）Aku<u>dok</u>　kacau　Chat　kemarin.

我进行体打扰　Chat　昨晚

我昨晚一直打扰 Chat。

恩甘贝蒙杜语（Ngambay-Moundou）和柯尔克孜语（突厥语族）中表达"站"义的"ár"与"tur-"语法化后，往往会发展成为表示进行体的助动词。例如（转引自胡振华[23]）：

（13）m-<u>ár</u>　m-　úsā　dā.

第一人称：单数-　站第一人称：单数-　吃肉

我在吃肉。

（14）at　tʃɵp　dʒep　<u>tur</u>at.

马草吃站

马正在吃草。

（三）表方位的系动词或伴随结构语法化为持续体标记

曼宁卡语（Maninka）的系动词"yé…lá"（是……在）发展成为延续体标记。例如（Heine & Kuteva2002/2012：130[21]）：

（15）à　<u>yé</u>　bón　<u>lá</u>.

他系动词房子在

他在房子里。

（16）à　yé　nà　lá.

他进行体来进行体

他正过来。

汉语的"在"最早为"存在"义动词，多出现于"N1 + 在 + N2"的句式之中，后因结构中动词的进入而逐渐虚化为介词，和名词性词语组成介词短语，在句中作状语，于立昌指出"副词 + 在 + VP"的句法环境触发"在"进一步虚化为时间副词[24]。语义上，"在"经历了"存在"→"在……状态中"→"动作进行或状态持续"的虚化（何瑛 2010：131[25]）。如：

（17）子曰："父在，观其志；父没，观其行。"（《论语·学而》动词）

（18）子在川上曰："逝者如斯夫！不舍昼夜。"（《论语·子罕》介词）

（19）公子听了，仍在絮叨。（《儿女英雄传》第四十回副词）

上海话（吴方言）的"勒海"是比较活跃的体助词，由空间意义"在那儿"虚化而来，可表动作进行或持续，语义逐步抽象化。[26]例如：

（20）a. 伊勒海吃饭。（他正在吃饭。动作进行）

b. 勒条子浪写勒海是十点钟。（在条子上写着是十点钟。状态持续）

巴卡语（Baka）"tɛ"（和……一起）最初为伴随格前置词，后语法化为进行体标记。例如（Heine & Kuteva2002/2012：111[21]）：

（21）wó　tɛna　jo　dandù.

第三人称：复数伴随格不定式吃蜜

他们在喝蜜。

（四）空间方位词语法化演变为表示持续体功能的助词

汉语表"里，内部"义的"中"由方位名词发展为时态助词是逐渐虚化的过程，具体的演变路径为"方位词→后置词→持续体标记"[27]，如：

> （22）a. 象曰：地中有水，师。（《周易·易经》方位名词）
>
> b. 朦胧中见一个金甲神人……。（《二刻拍案惊奇》后置词）
>
> c. 您所拨打的电话正在中，请稍后再拨。（持续体）

"中"表持续的功能在汉语的方言中也有体现，《说文解字》对"仲"的描述为"中也。从人从中，中亦声。"可见，"仲"是"中"的假借字。张庆文、刘慧娟指出粤语的"仲"表持续义时在句法上有很多的限制：只能出现在动词谓语句中，不与达成和完结动词共现，状态动词中只有"係"能与"仲"共现，与之共现的动作动词需为进行体形式[28]。如：

> （23）天黑喇，佢仲做紧功课。（动词谓语句，"紧"为进行体）
>
> （24）a. *呢个胎仲爆喇。（"爆"，达成动词）
>
> b. *天黑喇，佢仲做完功课。（"完"，完结动词）
>
> （25）三年喇，佢仲係咁钟意音乐。（"係"，状态动词）

四　汉语持续体标记"着"与"中"的对比研究

对于"着"的研究，学界持两种不同的观点。第一种看法倾向于根据不同的语法意义对"着"加以区分，如日本学者木村英树认为存在两种不同的"着"，即表示状态持续的为补语词尾"着 d"和表示动作进行的为时态词尾"着 p"[29]。郭锐对"着"的区分更为精细，包括表示动态动作持续的"着₁"、表示动词词义本身指明的静止状态的"着₂"和表示动作结束后留下状态的"着₃"。[30]第二种认识将"着"看作持续体标记，认为后附于静态动词和动态动词的"着"并无语法意义上的差别，"V 着"所表现的都是内部均质的状态，如袁毓林[31]、石毓智[12]和方梅[32]。上述这两种研究观点虽然主张有所不同，但都承认了"着"的持续体功能，可以用来表达动作的进行和状态的持续，汉语的"中"也具有此种用法。

最早对助词"中"进行义做具体研究的是安家驹，他认为句式"A在 B 中"，B 的位置既可由名词性成分充当，也可由动词性成分充当，前者表示"A 存在于什么地方"，后者表示"A 处于什么过程中"[33]，朱楚宏也有相似的看法，指出进行态句式"在……中"具有两层语法义：一是"在"所含有的正在进行态语义；二是"中"另有"……状态中""……过程中"的意义[34]。前者属于时间范畴，后者属于空间范畴。李永讨论了汉语进行式的两种表达形式"X + ing"和"X + 中"，认为附加在前属词词干上的"中"担任谓语时是句子的核心表述成分，表示正在进行和状态持续的语法意义，是动态助词。[35]现代汉语"着"与"中"的表达功能趋同，我们所关注的问题是二者的差异性表现在哪方面？

（一）历时演变的差异

1. 语法化的演变路径

"着"作为实词，是"安置、附着"的意思，先秦时期其后常附介词短语，如：

(26) 风行而<u>着于土</u>。(《左传·庄公二十二年》)

汉代以后"着"常置于主要动词之后，构成使成式"V + 着 + L"和连动式"V + 着 + O"结构，如：

(27) 化为一羊，<u>系着一边</u>。(《大庄严论经》)
(28) 长文尚小，<u>载着车中</u>。(《世说新语·德行》)

在连动式结构中，经过重新分析，"V + 着 + O"的"着高度虚化为动相补语"，如：

(29) 余时把<u>着手子</u>，忍心不得。(《游仙窟》)

当"着"进一步发展用于"单纯表示动作并且可持续的动词之后，就形成了表示动作、状态持续的体助词"[36][37]。中古时期的"着"兼表两种体意义，即持续体意义和完成体意义，吴语的"仔"是"着"的变体，至今仍保留此特点[26]。例如：

(30) a. <u>坐仔</u>吃比<u>立仔</u>吃好。(持续体助词)
  　 b. <u>吃仔</u>饭再去。(完成体助词)

"着"的语法化路径：主要动词→连动式中后项动词→使成式中趋向补语→动相补语→持续体标记/完成体助词。"着"由动词虚化为助词，先产生了表示状态持续的用法，后又具有了表示动作进行的功能。

张谊生[27][38][39]和刘晓梅[40]对"中"的虚化历程做了研究，认为"中"的虚化机制和诱因主要包括三个方面：语境吸收与重新分析、背衬信息和前凸信息、谓词蕴涵与功能转化。隐喻机制使方位词"中"

由表示空间关系向时间范畴发展，应用范围逐渐扩大，"在……中"框架内部分词语脱落，"中"经过语境吸收发展出了表过程性持续体的语义，"在 X 地 V 中"的重新分析，V 的陈述性增强，"中"开始具备时态助词的基本特征，具体的演变路径为"方位词→后置词→持续体标记"[41]，如：

（31）象曰：黄裳元吉，文在<u>中</u>也。（《易·坤》方位名词）

（32）七年之<u>中</u>，一与一夺，二三孰甚焉。（《左传·成公八年》后置词）

（33）行凶男子在逃逸<u>中</u>。（持续体标记）

2. 语法化的生成机制

重新分析是一种由语境引发重新释义（Context-induced Reinterpretation）的生成机制，是一套新的底层关系和规则的表述，在语法化过程中是使词语功能发生变化的关键性因素，主要表现为成分结构的重新搭配组合、语法范畴的重新组织和语法关系的规则演变。宋代后产生的持续体标记"着"源于魏晋南北朝时期，表"到"义的趋向补语"着"，当"着"不再出现于"V + 着 + P + LP"、"V + O + 着 + LP"和"P + O + 着 + LP"结构中，为进一步虚化创造了条件，在连动式结构中，经过重新分析，"V + 着 + O"的"着"高度虚化为动相补语，后主要用于"V + 着"结构中表示动作的进行。如：

（34）长文尚小，<u>载着</u>车中。（《世说新语·德行》联动结构的次动词）

（35）莫为此女<u>损着</u>府君性命，累及天曹。（《敦煌变文集》动相补语）

（36）仁者善友，我心留在优昙婆罗树上<u>寄着</u>，不持将行。（《佛本行行集经·三一》持续体标记）

很多学者认为汉语时态助词"中"的形成在一定程度上受到了语言接触的影响，与日语的接触加快了"V中"的虚化进程（肖正芳、李薇[42]；刁晏斌[43]；刘瑞敏[44]）。我们发现在日语中确实存在后置"中"表行为持续的情况，如："食事中"（吃着饭）、"仕事中"（正在工作）、"移動中"（正在坐某种交通工具）、"この店は営業中だ"（这家店正在营业）等，还有一些常用于书面语的"考慮中""檢討中""判定中""審查中"，与汉语时态助词"中"的用法十分相近。刁晏斌认为词书中所列"中"表示动作正在进行的释义所举例句均为"在……中"的形式，表示持续义的是"在……中"这一结构而非"中"本身，因此"V中"的"中"是个"回归词"[43,P42]，这一问题值得深入探讨。在中国，1957年的《新华字典》对"中"字条就已经释义为"表示动作正在进行"，日本于1955年刊行的《広辞苑》记载了"中"表示正在进行的事，如"お話し中"的用法，意思为正在说话，此外还有"客中"，是"旅行中"的含义，从时间和地域上来看，"中"表示动作持续和状态进行的用法受日语影响的可能性极大，语言接触是体标记"中"形成的重要外在因素，可见，体标记"中"是在多种原因的合力作用下实现的。

3. 语法化的程度不同

"着"的语法化程度明显更高，早在唐五代的文献里就出现了"着"用在静态动词后表示"动作实现后所造成的状态继续存在或持续"的用法[36]。

（37）黄鹤青云当一举，明珠吐着报君恩。（王昌龄《留别司马太守》）

在形式上，持续体标记"中"的用法也不如"着"丰富，通常出现于谓词后句子的末尾，不能像"了、着、过"一样插入动宾结构之中。例如：

（38）a. 外面下<u>着</u>雨。

   b. * 外面下<u>中</u>雨。

（39）您的咖啡正在制作<u>中</u>。

（二）共时用法的区别

"着"可用于表达动作完成后长时间所持续的状态，而"中"不可以，如：

（40）a. 岳飞的背上刺<u>着</u>"精忠报国"四个字。

   b. "精忠报国"四个字在岳飞的背上刺<u>着</u>。

   c. * "精忠报国"四个字在岳飞的背上刺<u>中</u>。

有时使用"着"并不表示进行或状态持续，可能是为补充音节。如：

（41）语言学与心理学有<u>着</u>密不可分的关系。

（42）听了他的故事，我们都被他无私的精神感动<u>着</u>。

"着"与"中"虽都描述目前的动作或状态，"中"更倾向于表达动态过程在现阶段所处的状态，突显"将来会发生变化"的含义，如在网上购买车票这一活动/事件，每一阶段都有"中"的参与，而此时不能与"着"互换。

（43）a. 我国正在大踏步地<u>前进着</u>。（《人民日报》1960.10.20当前状态）

   b. 可爱的祖国<u>正在</u>一刻不停地快步<u>前进中</u>。（《人民日报》1957.03.22当前状态）

（44）a. 登录官网：页面加载<u>中</u>。

    b. 登录账号：验证成功，跳转<u>中</u>。

    c. 选票，提交订单：订单已经提交，系统正在处理<u>中</u>，请稍等。

    d. 付款：支付<u>中</u>，请耐心等待。

从例（43）和例（44）可观察到，"中"具有指明不久的将来会发生变化的功能，这一点从后续"请稍等"和"请耐心等待"等成分可以得到验证。

五　结语

我们建议将持续体分为两大类：进行体和延续体，前者表示动作的持续，后者表示状态的持续。持续体标记的来源主要有方位词、动词和伴随结构等形式，其中位移动词"来、去"、过程动词"居住、停留"、姿势行为动词"左、站、躺"等易发生语法化，出现表动作或状态持续的用法。

语法化又被描述为语境引发的重新识解过程，从共时层面来看，"着"与"中"在补充音节、描述动态过程状态和指明将来会发生变化等方面不能替换，从历时的角度分析，持续体标记"着"与"中"存在以下几个方面差异。

一是语法化路径不同。"着"的语法化路径：主要动词→连动式中后项动词→使成式中趋向补语→动相补语→持续体标记/完成体助词，"中"的演变路径为"方位词→后置词→持续体标记"。

二是语法化机制有别。在连动式结构中，经过重新分析，"V＋着＋O"的"着"高度虚化为动相补语，常用于静态动词后逐渐演变为持续体标记；时态助词"中"表达动作或状态持续的用法在一定程度上极有可能是受到了语言接触的影响。

三是语法化程度不等。"着"的语法化程度高于"中"，"中"不能像"了、着、过"一样用于动宾结构之间。

A Study on the Origin and Evolution of the Continuous Markers: Based on the language research perspectives of universality and individuality

Lu Zhijie, Li Jiale

(*College of International Culture and Education, Zhejiang Normal University*; *Research Institute of International Chinese Language Education, Beijing Language and Culture University*)

Abstract: Continuous aspect could be divided into two categories: the progressive aspect and sustaining aspect, the former indicates the continuation of the action, and the latter indicates the continuation of the state, the main sources of continuous markers are locative nouns, verbs and comitative structure. From a diachronic perspective, there are differences in grammaticalization path, mechanism and degree between the continuous markers *Zhe* and *Zhong*, From the synchronic point of view, they can not be replaced in terms of supplementing syllables, describing dynamic process and indicating that changes will occur in the future.

Key words: Aspect; Continuous; Grammaticalization

参考文献:

[1] Binnick, Robert. Time and the verbs: A guide to tense and aspect [M]. Oxford: Oxford University Press, 1991: 135 – 140.

[2] 孙英杰. 现代汉语体系统研究 [M]. 哈尔滨: 黑龙江人民出版社, 2007: 13 – 14.

[3] Comrie Bernard. Aspect: An Introduction to the Study of Verbal Aspect and Related Problems [M]. London: Cambridge University Press, 1976: 3 – 8.

[4] 吕叔湘. 中国文法要略 [M]. 北京: 商务印书馆, 1942: 318.

[5] 王力. 中国现代语法 [M]. 上海: 上海书店出版社, 1943: 312.

［6］高名凯．汉语语法论［M］．北京：商务印书馆，1948：188－199.

［7］Kaplan, Jeffret. P. English Grammar: Principles and facts［J］. Language, 1989 (67): 177.

［8］陈平．论现代汉语时间系统的三元结构［J］．中国语文，1988 (6)：401－422.

［9］Smith, Carlota. S. A speaker-based approach to aspect［J］. Linguistics and Philosophy, 1986 (9): 97－115.

［10］Smith, Carlota. S. The Parameter of Aspect (2nd)［M］. Boston: Kluwer Academic Publishers, 1991: 146.

［11］戴耀晶．现代汉语时体系统研究［M］．杭州：浙江教育出版社，1997：5.

［12］石毓智．论现代汉语的体标记［J］．中国社会科学，1992 (6)：183－201.

［13］龚千炎．谈现代汉语的时制表示和时态表达系统［J］．中国语文，1991 (4)：251－262.

［14］龚千炎．现代汉语的时间系统［J］．世界汉语教学，1994 (1)：1－6.

［15］龚千炎．汉语的时相时制时态［M］．北京：商务印书馆，1995：80－99.

［16］钱乃荣．体助词"着"不表示"进行"意义［J］．汉语学习，2000 (4)：81－87.

［17］高顺全．进行体、持续体的否定及相关问题［J］．世界汉语教学，2003 (4)：32－39.

［18］Vendler, Zeno. Linguistics in Philosophy［M］. New York: Cornell University Press, 1967: 102－122.

［19］吴福祥．南方方言几个状态补语标记的来源（二）［J］．方言，2002 (1)：24－34.

［20］Sankoff, Gilian. The Genesis of a Language［M］. In Hill, 1979: 23－47.

［21］Heine, Bernard & Tania Kuteva. World Lexicon of Grammaticalization［M］. Cambridge: Cambridge University Press, 2002. 龙海平，谷峰，肖小平译．语法化的世界词库［M］．北京：世界图书出版公司，2012：111－133.

［22］Rajak, Norizan. The Grammaticalization of Verbs in Kedah Malay. Working Papers in Linguistics, 1993 (25): 121－123.

［23］胡振华．柯尔克孜语简志［M］．北京：民族出版社，1986：7－8.

［24］于立昌．时间副词"在"的语法化［J］．南京师范大学文学院学报，2018 (4)：139－143.

［25］何瑛．在：从"存在"义动词到时间副词——兼论"正在"之形成［J］．新疆大学学报，2010（2）：131 – 136.

［26］冯力．上海话的助词"勒海"及语法化中的反复兴替现象［C］∥沈家煊．语法化与语法研究（三）．北京：商务印书馆，2007：36 – 54.

［27］张谊生．"V 中"的功能特征及"中"的虚化历程［C］∥中国语文杂志社．语法研究和探索（十一）．北京：商务印书馆，2002：219 – 234.

［28］张庆文，刘慧娟．略论粤语"仲……添"的性质［J］．汉语学报，2008（3）：33 – 43.

［29］木村英树．关于补语性词尾"着 Zhe"和"了 Le"［J］．语文研究，1983（2）：22 – 30.

［30］郭锐．汉语动词的过程结构［J］．中国语文，1993（6）：410 – 420.

［31］袁毓林．祈使句式"V + 着!"分析［J］．世界汉语教学，1992（4）：269 – 275.

［32］方梅．从"V"看汉语不完全体的功能特征［C］∥中国语文杂志社．语法研究和探索（九）．北京：商务印书馆，2000：37 – 48.

［33］安家驹．关于"A 在 B 中"句式的辨析［J］．辽宁师范大学学报，1980（2）：34 – 36.

［34］朱楚宏．"在……中"进行态句式简析［J］．荆州师专学报，1996（3）：70 – 73.

［35］李永．汉语进行式两种新的表达形式［J］．修辞学习，2008（3）：77 – 78.

［36］吴福祥．也谈持续体标记"着"的来源［J］．汉语史学报，2004（4）：17 – 26.

［37］吴福祥．汉语体标记"了、着"为什么不能强制性使用［J］．当代语言学，2005（3）：237 – 250.

［38］张谊生．助词与相关格式［M］．合肥：安徽教育出版社，2002：36 – 58.

［39］张谊生．与汉语虚词相关的语法化现象研究［M］．上海：学林出版社，2017：182 – 200.

［40］刘晓梅．方位成分"中"的语法化过程及其原因［J］．长江学术，2012（4）：111 – 116.

［41］张谊生．汉语非典型持续体标记"中"和"间"的形成和发展［J］．汉语学报，2007（4）：2 – 14.

［42］肖正芳，李薇．从香港新外来概念语词到词库建设［J］．语言教学与研究，1992（4）：33－47.

［43］刁晏斌．关于"词＋中"的用法的一点思考［J］．语文建设通讯（香港），1998（5）：41－42.

［44］刘瑞敏."V中"的再探索［D］．上海师范大学硕士学位论文，2006.

现代汉语方式状语研究综述

王　琳[*]

摘　要　"方式状语"是现代汉语语法成分中非常重要的一类。语法学界关注"方式状语"的内涵界定、形式特征、认知解释等多个方面，探讨"方式状语"的句法语义特征，取得了不少成果。但"方式状语"的研究还存在诸多争论之处。本文通过梳理"方式状语"的研究脉络，探讨"方式状语"研究的问题，思考当代语言学理论背景下传统语法成分研究的新视角。

关键词　现代汉语；方式状语；句法语义

一　引言

语法研究中，以谓语为中心的句法结构及其语义特点一直处于核心地位。相对于核心而言，语法结构中似乎总有些将"枝节"作为"点缀"存在其中，这些所谓的"枝节"大多数看起来无关紧要，但有些"枝节"的存在和变化对核心结构的影响至关重要，方式状语就是这样

＊　王琳，浙江师范大学国际文化与教育学院讲师，博士，研究方向：汉语国际教育。

一种成分。

"状语"属于句法结构的非核心成员，但影响着语法结构的形式和意义。状语本身构成成分非常复杂。"谓语"作为核心主要表达人类的动作行为，而状语则从"时间、处所、范围、方式、程度"等多方面限制着谓语的语义表达。"方式"对于动作行为而言，是重要的组成部分，有"做什么"，就会有"怎么做"。因此，"方式"是一种重要的句法语义范畴。方式范畴有陈述和修饰之分。修饰性方式，即方式状语，是最常见、最重要的一类。

在现代汉语语法中，状语占有非常重要的地位，是句法分析中必定涉及的句法成分。语言研究者近些年开始加强对"方式状语"的研究，在对外汉语教学过程中，外国留学生在使用"方式状语"时存在一定的偏误。

第一，什么时候使用"方式状语"不明确。例如[①]：

（1）我盯着她们看了半天。

（2）我用眼睛紧紧看了她们半天。（留学生用例）

第二，大多方式状语具有较为固定的形式框架，留学生在使用时，经常错用。例如：

（3）a 老师用自己的方式上课。

　　 b 老师凭自己的方式上课。（留学生用例）

第三，留学生不能准确把握方式状语与主语、谓语之间的语义关系，造成误用。如某些方式状语有明显的主观性，在使用时如违反该原则，容易出现语义搭配上的偏误，例如：

（4）风故意地刮得很响。

第四，方式状语与定语、补语等存在变换关系，留学生在选择句法形式表达语义时还存在困难。例如：

(5) a 他吃了一个红红的苹果。
　　b 他红红地吃了一个苹果。

外国留学生使用方式状语时出现的偏误现象，与"方式状语"的性质、特征，以及对其解读的制约因素等密切相关。因此，研究传统语法成分"方式状语"仍然非常必要。要研究"方式状语"，首先必须全面梳理该语法成分研究的脉络，然后再结合当代语言学的理论，才能让传统语法理论焕发新的生机。因此，本文将全面归纳和总结"方式状语"研究的文献脉络，再回到现代语言学的发展中，从当代视角中拓展传统语法研究的空间。

二　方式状语的性质

"方式状语"是状语的一种语义类型，在大多数学者的状语分类中都提及"方式"一类，如马建忠（1983［1898］）、丁声树等（2002［1961］）、朱德熙（1982）、邢福义（1996）等。刘月华（1983）根据功能把状语分为描写性状语和非描写性状语，两类状语中都有"方式"这种类型。何洪峰（2006；2012）首先根据状语与动词核心的语义关系，将状语分为外围状语和向心状语，又将向心状语分为方式状语和非方式状语。方式状语紧贴动词核心，跟动词的语义关系最为紧密。非方式状语表示动作行为的非方式属性义，这种语义一般由构成成分直接显示出来。

潘国英（2010）认为整个状语的组成都呈现出向描述性倾斜的趋势，进入状语位置的各种语言成分或结构容易向"方式、情态"靠近。她认为"修饰性"是状语的本质属性，"方式和情态"与谓语中心语关系最密切，是状语性质最重要的体现，她将"修饰性"、"方式性"和

"情态性"看作状语的属性特征。她甚至将"方式"的地位定为"状语的根本属性"。韩超（2015）认为方式状语带有特征化标记，属于关涉型方式，方式状语与联动结构关系密切，界限有一定的模糊性。

三 方式状语的形式框架

所谓"方式"一般指动作行为的方法和形式，它在方式状语中有显性和隐性两种，在句法结构中常有一些形式标记或形式框架帮助我们判断"方式状语"，没有显性形式的，可以通过变换来帮助判断。

吴继光（1999；2003）将"用 X + VP"作为"方式成分"的形式框架。陈昌来（2003）认为方式常构成"以/用……手段/样子/手法/方式/方法/形式/技法"格式，或者"用"的 NP 词语中含有"法/体/调/阵/式"等构成成分。何洪峰（2006；2012）认为方式状语分为介词结构和非介词结构两类。介词结构的突出特点有两个，一是用方式类介词，如"以、用、凭、按"等介词；二是介词后名词短语中心语可以用"方式、方法、手段"等标明方式义。非介词结构，没有语义标记，方式义可用加"以……方式"的方法使之凸显。除副词外，一般方式状语都能进入这一格式，这是鉴别方式状语的基本方法，主要包括"情态、行为、陈述和指称"四类。同时，何洪峰认为高层方式语义可以回答"怎么样·VP"的问题，答问时必须用"介词·NP"；在区别"方式"与"状态"时，能回答"怎么样·VP"的表示"方式"，能回答"VP时·怎么样"的表示"状态"。

王丽彩（2008）认为，方式范畴最常用的语法标记是"方式介词"，如"用、以、通过、拿、按、照、按照、凭、靠"等，句子形式是：S + 方式介词 + NP/VP + VP。她利用方式词族建立方式框架："方式介词 + 修饰性成分 + 方式词族"。其中，方式词族是含有"方式"语义的"X"，可以出现在"用/以/按照/拿/凭…… + X + VP"结构中。方式词族主要与动作行为主体和动作行为本身相关，前者主要包括"方法手段类"、"主体属性类"及"身体特征类"；后者主要是动作行为的

"速度类"和"名义类"。王丽彩利用方式介词和方式框架将方式范畴划分为典型方式和非典型方式。典型方式成员中分为高典型和低典型两类。其中高典型方式成员的测试框架为：（1）强施事性：能进入"以/用/靠/通过……方法/手段"这个框架是高典型的方式范畴；（2）强目的性：形式上有时有"来/去"，可以变化为"用某某方式的目的是——"。非典型方式成员则没有方式介词，不能进入方式框架。此外，有学者认为"地"字有时也能起到标示方式状语的作用。何洪峰（2012）认为方式状语不一定带"地"，但带"地"的基本是方式状语。"地"字的功能是将非副词性词语标记为状语，凸显状语的描摹性。一般地说，"地"字可看作方式状语的标记。

综上，"方式状语"有显性和隐性之分，显性有特殊标记，隐性只能靠语义关系，如何判断隐性方式状语还没有得到较好地处理，这需要一定的方法辅助判断。

四　方式状语的句法语义特征

方式状语的研究涉及词汇、句法、语义、认知等多个层面，下面我们从不同层面出发，对以往的研究成果进行梳理。

（一）词汇方面

"方式范畴"的词汇层面涉及的是方式动词，主要有两种，一种是单音节方式动词，另一种是蕴含"方式"语义特征的双音节动作动词。前者包括身体部位动作动词、烹饪类动作动词和位移类动作动词等，它们都属于陈述性方式，Talmy（1991；2000）、Slobin（2004）、周领顺（2011）、韩超（2015）等有详细论述。后者主要是指含有"方式"语义要素的动词性复合词。董秀芳（2004）将"方式或途径＋行为或结果"的动动复合模式看作汉语动词性复合词的强势结构类型，将方式看作动作行为的分类特征，具有一定的提示性作用。她还指出"方式或途径＋行为或结果"这一语义模式在构词和句法中都有重要的作用。韩超

（2015）考察了合成词中涉及"方式"作状语修饰动词语素的情况。

（二）句法语义特征

1. 方式状语的构成成分

对方式状语成分的研究大多是在研究状语时给予关注的，如张国宪
（1983），李晋荃（1983），邢福义（1991），山田留里子（1995），贺阳
（1996），孙德金（1997），张邱林（2005），何洪峰、朱怀（2006），李劲
荣（2010），梁进（2021）等。何洪峰对现代汉语方式状语的构成做了较
为详细的描写，其中包括简单式、重叠式、复合结构、主谓结构、介词
结构等。简单方式状语主要由谓词性（形容词、动词和拟声词）、体词
性（名词和数量词）和副词性（副词和指代词）构成。重叠式方式状
语主要有谓词性重叠结构（如形容词的 AA 式、AABB 式，动词性的
AABB 式，拟声性的 AABB 式以及情状性 ABAC 式）和数量性重叠结构
（如一 AA 结构、一 A 一 A/B、一量名 + 一量名式）。复合结构方式状语
主要包括谓词性结构、构式性结构、名词性结构和像似义结构。介词结
构方式状语主要包括"依凭、工具、随顺和协同"四类。

2. 语义分析

关于状语及方式状语的语义特点，大多数学者将关注的焦点放在
"语义指向"上，也有少数学者关注方式状语的语义和功能类型。何洪
峰从构成成分本身的语义概括了单层方式状语的十种语义类型，包括
"性质或状态，动作行为，数量，比喻、比较或比拟，附属事件，事物，
声响，指代，方式或情状，依据、工具、对象及处所方向"等。他还分
析了方式状语的功能语义，将方式状语划分为描写性、陈述性、评议性
和指称性四类，分别概括了它们的语义特征。描写性方式状语的语义特
征是：［＋客观性］、［＋主观性］；陈述性方式状语的语义特征是：［＋
客观性］、［－主观性］；评议性方式状语的语义特征是：［－客观性］、
［＋主观性］；指称性方式状语是用指称性语义表示动作行为的方式，
可以指称动作行为的受事、结果或施事，指称性状语是动词的降级
论元。

"语义指向"问题一直是状语研究的重点，方式状语的语义指向一般放入状语体系中分析。在语义指向分析中，主要是对形容词作状语的考察，例如张国宪（1991；2005）、沈开木（1996）、郑贵友（2000）、何洪峰（2006；2012）等。其中，何洪峰专门分析了方式状语的语义指向问题。他根据语义指向数量将方式状语的语义指向分为单指和多指两类。单指向的方式状语，语义关系仅仅指向动作行为，分为"数量性、指代性和情态性"三类。双指向性方式状语，一是指向动作行为表示方式，二是指向施事、受事、当事或结构外的某个论元。少数方式状语除指向动作行为外，还指向句中的其他两个论元，这称为"三指向的方式状语"。一种是指向施事和受事，另一种是指向本体和喻体。

3. 与相关句法成分的关联

方式状语作为动作行为的修饰性结构，与动作行为的施事、受事及动作行为本身等都有着某种句法或语义关系。方式状语位于谓语前，与联动结构有着天然的联系；方式状语作为修饰成分，语义指向主语、宾语，可以变换成定语；方式状语可以变换成补语，还可以形成方式宾语。

何洪峰指出现代汉语方式状语与谓语之间的互相转化主要有两种形式，一是用"地"将做谓语的成分标记为状语，去掉标记就变换成谓语；二是用语音停顿将某个成分断开，形成不同的结构层次，与主语相连就是谓语，与动词核心相连就是状语。方式状语与谓语的转化受到结构和语义的制约。韩超（2015）主要考察方式语义在联动结构和位移事件中的激活情况，分析了方式语义在句法中的实现参项。

方式状语与定语、补语的变换，是语法学界关注的重点。经过多方考察，大家总结出定状转换、状补转换的一系列语义特征。郑贵友（2000）从语义指向的角度，系统探讨了形容词性方式状语及其相关成分的变换关系。王立弟、顾阳（2000）主要概括了状语语义指向宾语的语义条件。卢建（2003）运用句式理论，对摹物状语句和摹物定语句的定状换位现象做了分析。张国宪（2005）进一步探讨了性状的语义指向规则及句法移位的语用动机。何洪峰（2006；2012）在考察情状类方式状语与定语、补语转换的基础上，进一步关注了非情状类状语的情况，并初步分析了历时的情况。

综上，方式状语的性质、形式框架、句法语义等研究成果不少，但总体还比较零散，不够系统。"状语位置的方式解读"从这些句法语义特征中还不够明晰。方式范畴可以以多种形式出现，方式状语与句内成分之间的关系如何，什么时候选择方式状语，为什么选择方式状语，选择什么样的方式状语，这些问题都还没有得到解释。

五　方式状语与状语语序

（一）涉及方式的状语分类

状语分类的标准有很多，类别相差较大，涉及方式的状语分类对状语语序有重要影响。首先，大家从纯粹的语义上进行分类。《马氏文通》的"状字别义"即状语语义分类，大致包括处所、时间、性状、方式、程度、范围、肯定、否定、疑问。丁声树等（2002［1961］）将状语分"处所、时间、数量、方式或状态"4类。朱德熙将状语分为时间、处所、情态、方式、程度、范围、肯定、否定、语气9类。《中学教学语法系统提要（试用）》（1981）分为状态、范围、时间、处所、方式、手段、对象7类。陆丙甫（1993）将状语分为方式、工具、处所、时量和时间等。其次，将语义与功能相结合进行分类。刘月华（1983）将状语分为描写性状语（M）和非描写性状语（FM）。描写性状语主要是描写动作行为或变化的方式、状况以及动作者的情态。非描写性说明动作行为、变化或事情发生的时间、处所、范围、程度以及对象等，一般具有限制作用。黄伯荣、廖序东（2002［1988］）将状语分为限制性和描写性两类。限制性状语用来表示时间、处所、程度、否定、方式、手段、目的、范围、对象、数量、语气等。描写性状语是从性质和状态方面对中心语事物加以描写或形容。青野英美（2005）在刘月华（1983）分类的基础上，利用语义指向专门研究了描写性状语，将其分为外指和内指两类。郭中（2007）首先把状语分成引介参与者的状语和不引介参与者的状语两大类。引介参与者的状语包括关涉状语、对象状语、处所状语和工具状语；不引介参与者的状语分成两类，一类是指向参与者的，包括指主状语、指宾状语、因由状语、范围状语和协同状语；另一类是指向事件命题的，包括方式状语、时点状语、时段状语、语气状语、重复状语、否定状语、程度状语、情态状语和关联状语。潘国英（2010）将状语分为四个层级，第一层级是外围性和内在性状语；第二层级是认定性和描写性状语；第三层级是情状性和定性性；第四层级是方式性和特征性。何洪峰（2012）根据状语与动词核心的语义关系，将状语分为外围状语和向心状语。外围状语表示整个行为事件的背景，包括时间、处所；向心状语表示与动作行为直接相关的种种属性义，包括方式状语和非方式状语两种。

此外，还有一些学者在状语分类的基础上，对方式状语做了进一步分析。何洪峰（2012）从多个角度对方式状语进行了详细划分。根据复杂程度，将方式状语分为单层方式状语和多重方式状语；根据结构成分的语义，将方式状语分为性质/情状、动作行为、数量、比喻/比较/比拟、附属事件、事物、声响、指代、方式/情态、依据/工具/对象/处所方向等10个小类；根据有无介词介引，将方式状语分为介词结构和非介词结构两类；根据方式状语的功能语义分为描写性、陈述性、评议性和指称性四类。王丽彩（2008）首先根据方式成分与动作实现的相关度将方式范畴分为致使方式和非致使方式。接着根据施动者造成的主观和客观结果的差异将致使类方式分为有意致使和无意致使。根据动作行为，非致使类方式分为伴生类和非伴生类两种方式。其次，根据动作主体对方式的控制度，将方式范畴分为可控和非可控方式。然后根据能否变换为否定祈使句将可控方式分为自主可控和非自主可控方式。根据主体的生命度将非可控方式分为三小类（主体为人、动物、无生命物）。

（二）方式状语及状语语序

状语语序一直是语言学者关注的重点，方式状语作为状语的一类，在状语语序研究中常涉其中，但专门研究方式状语与非方式状语、方式状语与方式状语连用语序的文章还不多见。

刘月华（1983）将多项状语（递加关系）的排列顺序归纳如下：1. 表示时间、语气的；2. M1 类；3. 表示目的、依据、关涉、协同的；4. 表示处所、时间、路线、方向的；5. 表示对象的；6. M2 类。黄伯荣、廖序东（2002〔1988〕）给出了状语的一般排列次序：时间名词 > 处所类介词结构 > 范围类副词 > 情态类形容词 > 对象类介词结构。金立鑫（1988）在刘月华（1983）的基础上首先寻找多项状语中的"相对静止点"，确定为：主语（S）、谓语（V）、M1 状语、M2 状语和副词状语，形成一种相对稳定的序列："—S—副词—M1—M2—V—"，并最终得出一个"常用状语的位置和顺序表"（斜体为"相对静止点"）：

a/bcdefgh	*S*	bcdefgh	副词	befgh	*M1*	efgh	*M2*	fh	*V*
1	2	3	4	5	6	7	8	9	10

a"关涉"在 1 号位是优势语序；b"目的"在 1、3 号位是优势语序；c"时间"在 1、3 号位是优势语序；d"语气"在 3 号位是优势语序；e"协同"在 5、7 号位是优势语序；f"空间"在 5 号位是优势语序；g"依据"在 5 号位是优势语序；h"对象"在 5 号位是优势语序。

黄河（1990）、赖先刚（1994）、张谊生（1996）、袁毓林（2002）、杨荣祥（2004）等讨论了现代及近代汉语中多项副词共现的语序问题。虽然副词与汉语状语语序密切相关，但副词的语序与状语的语序还是存在细微的差异。近年来，状语语序研究仍然是状语研究的重点，如：郭中（2007）和潘国英（2010）。郭中讨论了多项状语语序的自由度。他得出了两个序列：（1）多项状语语序序列：关涉状语 > 语气状语 > 时位状语 > 时量状语 > 因由状语 > 关联状语 > 重复状语 > 范围状语 > 程度状语 > 否定状语 > 情态状语 > 指主状语 > 依据状语 > 处所状语 > 工具状语 > 方式状语 > 对象状语 > 协同状语 > 指宾状语 > 动词。（2）多项状语语序自由度等级序列：重复状语≥依据状语＞范围状语≥情态状语＞否定状语≥处所状语＞因由状语≥对象状语≥协同状语＞程度状语≥工具状语＞关联状语≥时量状语＞指主状语≥方式状语＞关涉状语＞语气状语≥时位状语＞指宾状语。

潘国英在层层分析外围性状语、认定性状语、方式性状语语序的基础上，得出了多项状语共现的优势语序：［＋关联1］＞［＋关涉］＞［＋评价1］＞［＋环境］＞［＋时间1］＞［＋处所］＞［＋关联2］＞［＋评价2］＞［＋时间2］／［范围2］＞［＋程度］＞［＋否定］＞［＋重复］＞［＋情状］＞［＋比况］＞［＋工具］／［＋材料］＞［＋摹状］（位置1）＞［＋协同］＞［＋方所］＞［＋对象］＞［＋摹状］（位置2）＞［＋特征］（注：当情状状语不出现时，［＋摹状］一般总是处在位置1；当情状状语出现时，［＋摹状］一般总是处在位置2。

（三）方式状语与类型学

陆丙甫（1993）提出了一种语序共性，可用一个轨层结构表示（见图1）。这是各种语言中的优势语序。任何一种语言都会有很多语序变化，不过大多变化仍然在这个基本轨层所规定的范围内，这个顺序主

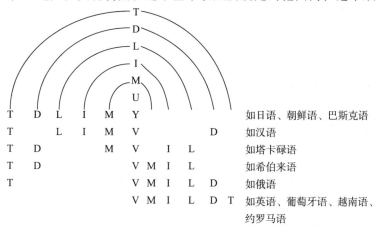

T	D	L	I	M	Y					如日语、朝鲜语、巴斯克语
T		L	I	M	V		D			如汉语
T	D			M	V	I	L			如塔卡碌语
T	D				V	M	I	L		如希伯来语
T					V	M	I	L	D	如俄语
					V	M	I	L	D	T	如英语、葡萄牙语、越南语、约罗马语

（V—核心动词，M—方式状语，I—工具状语，L—处所状语，D—时段状语，T—时间状语）

图1 状语语序轨层结构（陆丙甫，1993）

要取决于语义特点。

Bybee（1985）指出，两种语义关系接近的语言成分在线性序列中的位置也比较接近。也就是说，语义关系的密切程度可以看作是对动词所表示动作行为性质影响的大小，或者成分彼此之间的选择性。就陈述和修饰成分而言，语义关系的紧密程度直接影响动作行为与动作行为、修饰性成分与动作行为以及修饰性成分与修饰性成分之间的距离。

除观察汉语语序类型学外，还有一些文章以方式状语观照汉语的其他方面，甚至关注汉语结构的类型学特点，如李湘、端木三（2017）探讨了方式状语在汉语句子中的焦点结构地位，并由此反思句法结构与焦点分布之间的"常规对应关系"问题。文章指出，汉语句子的词序选择问题受到诸多因素的影响，而信息新旧状态在这其中并没有起到什么决定性的作用。至少无法据此证明，汉语中确实存在"尽量将信息焦点置于句末"的原则和策略。

近年来，方式状语的研究还向方言领域扩展，如陈家隽讨论吴语上海方言中方式副词到话语标记的变化，让方式状语的研究更加开阔。这些方言中方式状语的研究也有利于汉语类型学方面的探讨。

综上，状语分类的方法很多，有的根据构成成分性质做列举式划分，有的根据语义功能做多层次划分，但由于对状语和谓语之间关系尚未厘清，造成分类的多样性，有些还不够合理。在此基础上对状语语序的考察，可能造成语序规律探索的误差，因此，紧密结合方式状语的特征，尤其是与动作行为之间的关系，才能发现方式状语的语序规律，弄清方式状语对状语语序的影响，才能更好地揭示状语语序的基本规律，这样对语序类型学也会有所帮助。

六　方式状语研究存在的问题及思考

（一）方式状语研究的共识

目前，方式状语的内涵界定、句法特征等研究取得了一些成果。首先，"方式状语"不能独立存在，必须与动作行为发生联系；"方式状语"的构成复杂，涉及"工具、材料、凭借、手段、情状"等语义成分，这些成分存在纠葛。其次，方式状语作为状语的语义类，在状语中有特殊的地位，与句内多种句法成分关系紧密。再次，方式状语影响状语整体语序。

（二）方式状语核心问题的思考

虽然方式状语研究已取得了不少成果，但仍存在一些分歧和值得进一步思考的问题。

第一，状语获得方式解读受到某些因素制约，方式状语与其相同位置上的状语类型存在纠葛，这些制约条件是什么需要进一步探讨。如情状状语和方式状语还需要进一步区别。例如：

（6）a 他认真地读书。（方式状语）

　　b 他安全地到达目的地。（情状状语）

（7）a 他方方正正打了一个背包。（方式状语）

　　b 他大大小小地摸到了几块石头。（情状状语）

第二，方式状语在语感上的认定，有很大的随意性，在形式上有哪些体现、可以用什么标准来辅助判断，需要做出回答。

因此，"状语获得方式解读的制约因素"是以上具体问题密切的关键因素，是最值得关注的问题，这一问题决定了研究的相关问题。"状语获得方式解读的制约因素"是探讨方式状语性质、特征、分类的前提。第一，"工具、材料、情状"等成分进入状语位置前有何不同，进入状语位置后性质是否发生变化，如何发生变化都受"状语获得方式解读"因素的制约。第二，有些成分进入状语后能够获得方式解读，有些不能，有些容易获得方式解读，有些获得方式解读稍显困难，有些看似可以作方式解读，但其实与其他语义相纠缠，需要仔细区分。有些成分进入状语位置不需要附加条件就能体现方式，有些则需要借助外在条件加以判断。这些制约因素的分析能帮助我们探寻方式状语的区别性特征，促使方式状语典型范畴的建立。第三，"状语获得方式解读"单从方式成分自身来看并不能自足，它必然与某些句法成分相互关联，尤其是它们与主语和谓语之间存在某些选择关系，某些成分能够进入状位，但不一定能成为方式状语，它受到诸多条件的限制。第四，"状语"只是"方式"表达形式的一种，同样作为修饰性成分的"定语"也能够表达相应语义，使用哪种句法结构受到"状语获得方式解读"和"定语特点"的制约。第五，诸多因素制约"状语位置获得方式解读"，使得"方式"在状语中的地位更值得关注，而方式状语自身以及状语语序问题，正是"核心问题"在句法形式组合维度上的延伸。在探讨"状语获得方式解读的制约因素"的基础上，重新划分状语语义类别，能够使我们更全面地观察方式状语对状语语序的影响。

（三）方式状语本体研究相关问题的延伸

方式状语的核心问题得到较好解决之后，与之相关的问题应该得到更多关注。例如状语的核心语义是不是方式，方式状语在状语系统中的地位，方式状语作为修饰成分对信息结构的影响，不同方言甚至语言中方式状语的特点，状语作为传统修饰成分对其他修饰性成分如定语、补语等是否具有借鉴意义等。

而这些拓展性的研究中，方式状语在汉语方言以及世界语言体系中的类型学特点最值得深入思考。比如，如何对陆丙甫先生语序轨层结构的细化，不同语言的轨层内部是否存在差异甚至变异，需要进一步探索。此外，修饰成分在语言生成中的作用等，都可以加深对汉语特点的研究。

（四）方式状语的习得研究更具有实践意义

本体研究要运用到实践中，留学生汉语教学是最好的实验基地，我们看到的很多问题都来自留学生偏误，但这些习得研究还不多见，也不够系统，像 Gaiko Natalia 这样研究汉语状语偏误的文章还稍显稚嫩，更多的问题需要从理论上进一步研究。

总之，方式状语是传统语言学中关注的重点之一。方式状语与谓语相关的辅助成分还存在诸多并未解决的问题，而这些问题困扰着汉语学习者，也影响着语言学的全面发展。认知语言学、类型学等当代语言学理论为传统的语法范畴、语法成分的研究提供了研究的基础，给出了重新思考的可能性。

注释：

　　①本文外国留学生偏误用例来自北京语言大学 HSK 动态作文语料库以及本人在教学过程中搜集的留学生的真实用例；其他用例来自北京大学中国语言研究中心现代汉语语料库（CCL）。

An Overview of the Studies on Manner Adverbials in Modern Chinese

Wang Lin

（*College of International Education，Zhejiang Normal University*）

Abstract：Manner adverbials make a very important grammatical category of modern Chinese. Grammarians have paid close attention to the connotation，characteristics and cognitive interpretation of manner adverbials and discussed their syntactic and semantic characteristics，on which considerable achievements have been made. However，disputes still exist in the study of manner adverbials. This article probes into the studying sketch and the related issues in the study of manner adverbials，and reflect on the new perspectives in the study of grammatical categories in the context of modern linguistic theories.

Key words：Standard Chinese；Manner Adverbials；SYNTAX Semanteme

参考文献：

［1］马建忠. 马氏文通［M］. 北京：商务印书馆，1983［1898］.

［2］丁声树等. 现代汉语语法讲话［M］. 北京：商务印书馆，2002［1961］.

［3］朱德熙. 语法讲义［M］. 北京：商务印书馆，1982.

［4］邢福义. 汉语语法学［M］. 长春：东北师范大学出版社，1996.

［5］刘月华. 状语的分类和多项状语的顺序［J］. 语法研究和探索（一）［M］.
    北京：商务印书馆，1983.

［6］何洪峰. 汉语方式状语研究［D］. 华中师范大学博士学位论文，2006.

［7］何洪峰. 汉语方式状语研究［M］. 北京：中国社会科学出版社，2012.

［8］潘国英. 汉语状语语序研究及其类型学意义［M］. 北京：中国社会科学出版
    社，2010.

［9］韩超. 现代汉语方式范畴系统的认知功能研究［D］. 北京语言大学博士学位
    论文，2015.

［10］吴继光. 用事成分的语义序列与语法规则［J］. 中国语文，1999（3）：
    192 – 196.

［11］吴继光. 现代汉语的用事成分和工具范畴［M］. 武汉：华中师范大学出版
    社，2003.

［12］陈昌来. 现代汉语语义平面问题研究［M］. 上海：学林出版社，2003.

［13］王丽彩. 现代汉语方式范畴研究［D］. 暨南大学博士学位论文，2008.

［14］Talmy, L. Path to Realization：A Typology of Event Conflation［C］//Proceedings
    of the Seventeenth Meeting of the Berkeley Linguistics Society［M］. Berkeley：
    Berkeley Linguistics Society，1991.

［15］Talmy, L. Towards a Cognitive Semantics（1）［M］. Massachysettes：The MIT-
    Press，2001.

［16］Slobin, Dan I. The many ways to search for a frog：Linguistic typology and the ex-
    pression of motion events. In Sven Stromqvist & Ludo Verhoeven（eds.），Relating
    Events in Narrative：Typological and Contextual Perspectives, Mahwah, NJ：Law-
    rence Erlbaum Associates，2004.

［17］周领顺. 汉语方式动词的移动状态层级［J］. 外语教学与研究（外国语文双
    月刊），2011（6）：828 – 839.

[18] 董秀芳. 汉语的词库与词法 [M]. 北京：北京大学出版社，2004.

[19] 张国宪. 略谈现代汉语中普通名词用作状语 [J]. 淮北煤炭师范学院学报（社会科学版），1983（1）：163 – 165.

[20] 李晋荃. 试谈非时地名词充当状语 [J]. 苏州大学学报（哲学社会科学版），1983（4）：69 – 73.

[21] 山田留里子. 双音节形容词作状语情况考察 [J]. 世界汉语教学，1995（3）：27 – 34.

[22] 贺阳. 性质形容词作状语情况的考察 [J]. 语文研究，1996（1）：13 – 18.

[23] 孙德金. 现代汉语动词做状语考察 [J]. 语言教学与研究，1997（3）：116 – 129.

[24] 张邱林. 状位 NA 主谓短语的入句规约 [J]. 世界汉语教学，2005（2）：39 – 48.

[25] 何洪峰，朱怀. 论句管控下的状位主谓结构 [J]. 汉语学报，2006（1）：18 – 25.

[26] 李劲荣. 状位义与状位成分 [J]. 云南师范大学学报（对外汉语教学与研究版），2010（6）：44 – 53.

[27] 梁进. 名词做方式状语的三种句法形式及其形成条件 [J]. 今古文创，2021（46）：99 – 108.

[28] 张国宪. 谓词状语语义指向浅说 [J]. 汉语学习，1991（2）：13 – 16.

[29] 张国宪. 性状的语义指向规则及句法异位的语用动机 [J]. 中国语文，2005（1）：16 – 28.

[30] 沈开木. 论"语义指向" [J]. 华南师范大学学报（社会科学版），1996（1）：67 – 74.

[31] 郑贵友. 现代汉语状位形容词的系研究 [M]. 武汉：华中师范大学出版社，2000.

[32] 王立弟，顾阳. 宾语指向的状语修饰语 [J]. 面临新世纪挑战的现代汉语语法研究 [M]. 陆俭明主编，济南：山东教育出版社，2000.

[33] 卢建. 可换位摹物状语的句位实现及功能分析 [J]. 语言研究，2003（1）：99 – 106.

[34] 朱德熙. 定语和状语 [M]. 上海：上海教育出版社，1984 [1957].

[35] 黄伯荣，廖序东. 现代汉语 [M]. 北京：高等教育出版社，2002 [1988].

［36］青野英美．现代汉语描写性状语研究［D］．华东师范大学博士学位论文，2005．

［37］郭中．现代汉语多项状语共现语序研究［D］．南昌大学硕士学位论文，2007．

［38］金立鑫．成分的定位和状语的顺序［J］．汉语学习，1988（1）：11－15．

［39］黄河．常用副词共现时的顺序［J］．缀玉集［M］．北京：北京大学出版社，1990．

［40］赖先刚．副词的连用问题［J］．汉语学习，1994（2）：25－31．

［41］张谊生．副词的连用类别和共现顺序［J］．烟台大学学报（哲学社会科学版），1996（2）：86－95．

［42］袁毓林．论元角色的层级关系和语义特征［J］．世界汉语教学，2002（3）：10－22．

［43］杨荣祥．论汉语史上的“副词并用”［J］．中国语文，2004（4）：343－350．

［44］陆丙甫．关于建立深一层的汉语句型系统的刍议［J］．语言研究，1993（1）：7－20．

［45］李湘，端木三．“自然焦点”有多“自然”？——从汉语方式状语的焦点结构地位说起［J］．世界汉语教学，2017（4）：448－462．

［46］Bybee, Joan L. Morphology: A Study of the Relation between Meaning and Form［M］. Amsterdam: John Benjamins Publishing Company, 1985.

［47］Gaiko Natalia（挪塔莎）．俄罗斯学生汉语状语位置习得偏误分析［D］．南京大学硕士毕业论文，2017．

非洲国际中文教育研讨会暨非洲国际中文教育联盟启动仪式成功举办

2021 年 12 月 11 日，由教育部中外语言交流合作中心主办，浙江师范大学（以下简称浙师大）承办的非洲国际中文教育研讨会暨非洲国际中文教育联盟启动仪式成功举办。教育部中外语言合作交流中心主任马箭飞、浙江师范大学校长郑孟状、浙江省教育厅副总督学舒培冬、浙江省外办副主任陈江风、中非商会副会长及万邦德集团董事长赵守明出席并致辞。

马箭飞指出，语言教育在中非各领域合作中始终发挥积极作用。16 个非洲国家将中文纳入国民教育体系，数以万计的中文学生成为建设非洲、促进中非友好的中坚力量。他强调，非洲中文教育要强化协同合作，坚持需求导向，突出科技赋能，持续推进本土化。他表示，语合中心将一如既往地支持非洲各国中文教育事业发展，以更加聚焦、更加务实、更加高效的方式为各国民众学习中文提供优质服务。

郑孟状表示，浙师大牵头发起成立的非洲国际中文教育联盟旨在为"走出去"的中国企业做好服务，搭建中非院校、企业、行业协会合作平台，推动国际中文教育与职业教育协同发展。浙师大将整合资源，为建设中文传播平台，构建中国语言文化全球传播体系和国际中文教育标准体系贡献力量。

研讨会上，北京大学陆俭明教授、武汉大学赵世举教授、教育部职教所刘玉峰教授、喀麦隆教育部中文教学总督学杜迪等分别就非洲中文教育本土化、语言服务研究、职业教育研究和非洲中文教育国别情况发言。

　　会议期间还针对区域国别视野下的国际中文教育发展、非洲中文教育历史、现状与未来等主题进行了深入研讨，同期还召开了非洲"中文＋职业技能"校企对接会。

　　非洲中文教育联盟由浙师大牵头，中非高等院校、职业院校、企业和行业协会等64家单位共同发起。启动仪式上，9对校企伙伴进行了"云端"合作签约。

　　本次活动是2021国际中文教育交流周的系列活动之一。

来源：中国日报网

首届区域国别中文教育论坛在浙师大召开

2021年12月12日，首届区域国别中文教育论坛在线上成功举办。来自国内外20余位知名专家学者做主旨报告。会议由教育部中外语言交流合作中心主办，浙江师范大学承办，是"2021国际中文教育交流周"的主题活动之一。本次论坛由浙江师范大学王辉教授、南京大学曹贤文教授（上午）、辽宁师范大学李宝贵教授、华东师范大学丁安琪教授（下午）主持。

区域国别国际中文教育是国际中文教育研究深入发展的必然要求。把握区域和国别中文教育的特征、规律和趋势，有助于更有针对性地开展中文教学，拓展国际中文教育事业。在首届区域国别中文教育论坛中，21位国内知名专家学者围绕"新形势下区域国别中文教育——机遇和挑战"的主题，以区域国别为视角，对新形势下国际中文教育专业和学科建设及事业发展做了主旨发言。专家发言从微观、中观、宏观三个研究视角对国际中文教育进行了深刻阐述，对促进区域国别中文教育研究形成新理论、新方法、新成果和新格局具有重要指导意义。

浙江师范大学王辉教授在闭幕词中指出，当今世界正面临百年未有之大变局，中国和世界的关系正处于深度调整中，加之新冠肺炎疫情的持续影响，国际中文教育在不同的国家和不同的区域也面临着不同的机遇、挑战和诸多不确定性。未来区域国别中文教育需要进一步以问题和需求为导向，加强田野调查，加强技术赋能，加强学科融合，加强方法创新，为国际中文教育学科和事业发展贡献新的更大力量。

（通讯员：陈璐瑶　金梦唯）

《国际中文教育研究》征稿启事

《国际中文教育研究》（原《汉语国际教育研究》）由浙江师范大学国际文化与教育学院、非洲中文教育实践与研究基地主办，社会科学文献出版社出版。2016 年以来已出版五期，中国知网收录。本刊以促进新时代国际中文教育学科和事业高质量发展为宗旨，为从事国际中文教育事业相关的研究者提供学术交流平台。竭诚欢迎海内外专家、学者、研究生惠赐佳作。

一 投稿途径及要求

1. 网上投稿系统。自 2022 年 4 月起，《国际中文教育研究》全面启用知网"腾云"期刊协同采编系统。投稿请登陆系统（https://ygjj. cbpt. cnki. net/WKC/WebPublication/index. aspx? mid = ygjj）。作者第一次使用该系统时，需要注册；投稿后，作者对稿件审查、录用情况的查询，均可通过该系统进行。

2. 来稿字数以 10000 – 12000 字为宜，所论重大学术问题的论文篇幅可不受此限。所有来稿均通过在线采编系统以附件形式投递。来稿请务必标明详细的通信地址（包括邮政编码）、联系电话以及 Email 地址。请勿一稿多投，来稿 3 个月内未收到本刊录用或修改通知，作者可自行处理。来稿不退，请作者自留底稿。

3. 本刊严格执行《中国学术期刊（光盘版）检索与评价数据规范》《信息与文献参考文献著录规则》（GB/T7714—2015）等国家标准。

4. 本刊栏目：设有"汉语国际教育专业课程思政""国际中文教育

三教问题研究""汉语本体与作为第二语言/外语的汉语习得研究""华人文学与华文教育研究""语言政策与语言传播研究"等。

特辟特色栏目"非洲语言与中文教育研究"。

二　论文编排格式

投稿需符合以下要求：

（一）篇名：篇名应简明、具体、确切，能概括文章的特定内容，符合编制题录、索引和检索的有关原则，一般不超过 20 个字。必要时可加副篇名。

（二）作者署名：作者署名置于篇名下方，团体作者的执笔人也可标注于篇首页地脚位置。

（三）作者单位：作者应标明其工作单位全称（应写到所在院或系或研究所一级）、所在省、城市名及邮政编码，加圆括号置于作者署名下方。如：浙江师范大学人文学院，浙江金华，321004。

（四）摘要：摘要是文章主要论点的客观陈述，应能客观地反映论文主要内容的信息，具有独立性和自含性，切忌对文章进行价值评判。一般不超过 300 字。

（五）关键词：关键词是反映论文主题概念的词或词组，一般每篇可选 3－5 个，应尽量从《汉语主题词表》中选用。多个关键词之间用分号分隔。

（六）作者简介：对作者的姓名、出生年、性别、民族（汉族可省略）、籍贯、职称、学位、研究方向等做出简略介绍。

（七）基金项目：标明基金项目名称及项目编号，以脚注形式标注于文章首页页脚。

（八）正文：文内标题力求简短、明确，题末不用标点符号（问号、叹号、省略号除外）。层次一般不超过 4 级，依次用"一""（二）""3.""（4）"表示。表格采用三线表编制，应有表序和表题，表序和表题置于表格上方，表注则置于表格下方，表内数字要对齐；插图要标明图序、图题。引文一定要核对原文，做到准确无误。

（九）注释：凡对文章篇名、作者及文内某一特定内容所做的必要的解释或说明为注释。采用文后注的形式，注号用"①、②、③、④……"。

（十）参考文献：用于说明引文的出处，采用文末注的形式。

1. 注号：用"［1］、［2］、［3］……"。

2. 各种参考文献的类型，根据 GB3469－83《文献类型与文献载体代码》规定，以单字母方式标识：M—专著，C—论文集，N—报纸文章，J—期刊文章，D—学位论文，R—研究报告，S—标准，P—专利；对于专著、论文集中的析出文献采用单字母'A'标识，对于其他未说明的文献类型，采用单字母'Z'标识。以纸张为载体的传统文献在引作参考文献时不注其载体类型。

3. 注项（下列各类参考文献的所有注项不可缺省）

（1）专著：［序号］主要责任者. 文献题名［M］. 出版地：出版社，出版年. 页码.

（2）期刊论文：［序号］主要责任者. 文献题名［J］. 刊名，年，卷（期）：起止页码.

（3）论文集中的析出文献：［序号］析出文献主要作者. 析出文献题名［A］. 论文集主要责任者. 论文集题名［C］. 出版地：出版社，出版年. 页码.

（4）报纸文章：［序号］主要责任者. 文献题名. 报纸名［N］，出版日期（版次）.

（5）外文版专著、期刊、论文集、报纸等：用原文标注各注项，切忌中文与外文混用。

4. 英文题名、英文作者署名及工作单位、英文摘要、英文关键词，与中文一一对应，置于参考文献之后。

三　其他注意事项

1. 来稿文责自负，本刊对采用的稿件有删改权，不同意删改者，请在来稿中声明。稿件自发表之日起，其专有出版权即授予本刊。

2. 本刊已经加入中国知网全文数据库。作者向本刊提交文章发表的行为即视为同意我刊上述声明。如作者不同意将论文编入数据库，请另投他刊。

3. 本刊联系方式：

（1）通信地址：浙江省金华市婺城区浙江师范大学国际文化与教育学院《国际中文教育研究》编委会（邮编：321004）

（2）联系邮箱：gjzwjyyj@zjnu.cn

图书在版编目（CIP）数据

国际中文教育研究. 第五辑／王辉主编. —— 北京：
社会科学文献出版社，2022.12
ISBN 978 - 7 - 5228 - 0739 - 3

Ⅰ.①国… Ⅱ.①王… Ⅲ.①汉语 - 对外汉语教学 -
教学研究 Ⅳ.①H195.3

中国版本图书馆 CIP 数据核字（2022）第 170000 号

国际中文教育研究（第五辑）

主　　编／王　辉

出 版 人／王利民
组稿编辑／宋月华
责任编辑／杨　雪
责任印制／王京美

出　　版／社会科学文献出版社·人文分社 （010）59367215
　　　　　地址：北京市北三环中路甲 29 号院华龙大厦　邮编：100029
　　　　　网址：www. ssap. com. cn
发　　行／社会科学文献出版社 （010）59367028
印　　装／三河市尚艺印装有限公司

规　　格／开 本：787mm × 1092mm　1/16
　　　　　印 张：13.25　字 数：202 千字
版　　次／2022 年 12 月第 1 版　2022 年 12 月第 1 次印刷
书　　号／ISBN 978 - 7 - 5228 - 0739 - 3
定　　价／128.00 元

读者服务电话：4008918866

🔺 版权所有 翻印必究